« Nous devons affronter nos peurs si nous voulons tirer le meilleur parti de notre technologie, et nous devons vaincre ces peurs si nous voulons tirer le meilleur parti de notre humanité. » **Garry Kasparov**

APPRIVOISER
L'INTELLIGENCE ARTIFICIELLE
APRÈS 60 ANS

Édition 2026

Guide pour les aînés du Québec :

Comprendre et utiliser l'IA simplement

SIMON BOISJOLI

Apprivoiser l'intelligence artificielle après 60 ans – Guide pour les aînés du Québec : Comprendre et utiliser l'IA simplement

PREMIÈRE ÉDITION : 7 avril 2026 2026 - Terrebonne, Qc, Canada

ISBN

EPUB : 978-2-9824548-0-4
PDF : 978-2-9824548-1-1
Imprimé : 978-2-9824548-2-8
Relié : 978-2-9824548-3-5

AVIS SUR L'UTILISATION DE L'IA

Cet ouvrage a été entièrement rédigé par l'auteur. Des outils d'intelligence artificielle ont été utilisés pour l'édition, la révision et l'optimisation de la mise en forme du contenu.

AVIS LÉGAL ET NON-RESPONSABILITÉ

Œuvre éducative fournie à titre informatif uniquement. Ce guide ne remplace en aucun cas un avis professionnel qualifié. L'auteur, l'éditeur et les distributeurs déclinent toute responsabilité concernant les erreurs ou inexactitudes des outils IA mentionnés, les pertes financières, matérielles ou morales résultant de leur usage, les changements de fonctionnalités des plateformes IA après publication (2026), ou les problèmes techniques ou de connectivité.

CATALOGAGE EN PUBLICATION
BIBLIOTHÈQUE ET ARCHIVES NATIONALES DU QUÉBEC
BIBLIOTHÈQUE ET ARCHIVES CANADA

BOISJOLI, Simon, 1983 -
Intelligence artificielle : guide pratique – Édition 2026
1. Intelligence artificielle - Guides pratiques.
2. Personnes âgées - Québec - Technologie.
I. Titre.

Dépôt légal

Bibliothèque et Archives nationales du Québec, 2026
Bibliothèque et Archives Canada
Pour commandes et droits de reproduction : simon.boisjoli@guideIAofficiel.ca

GUIDE IA POUR AINÉS

Balayez-MOI!

Balayez ce code QR dès maintenant pour télécharger **GRATUITEMENT** les ressources essentielles de ce livre : des fiches récapitulatives pratiques, votre fiche de progression personnelle, des conseils puissants pour la création de vos adresses courriels et mots de passe, et la récapitulation complète des **5 règles d'or pour la création de prompts (requêtes) magiques** qui assureront votre maîtrise de l'intelligence artificielle.

Obtenez également un chapitre électronique GRATUIT qui va révolutionner votre quotidien d'aîné québécois ! Votre avenir numérique commence **MAINTENANT,**
saisissez cette opportunité unique !

https://guideiaofficiel.ca/ressources-guide-aines-qc

AVIS IMPORTANT
Utilisation sécuritaire de l'intelligence artificielle

Ne vous fiez jamais uniquement à l'IA pour :

- **Questions médicales** – consultez votre médecin ou pharmacien
- **Décisions financières** – consultez votre conseiller fiscal ou comptable
- **Questions juridiques** – consultez un avocat ou notaire

Privilégiez les sites officiels (.gov, .gc.ca, .gouv.qc.ca) et les professionnels qualifiés pour toute information importante.

Comprendre les limites

L'IA peut parfois générer des informations inexactes. Le chapitre 6 traite d'éthique et de sécurité pour utiliser l'IA en confiance.

Votre jugement avant tout

L'IA est un excellent compagnon d'apprentissage, mais votre expérience et votre bon sens restent irremplaçables.

TABLE DES MATIÈRES

Téléchargement gratuit des ressources de ce livre et bien plus encore ! + Chapitre 8 GRATUIT

https://guideiaofficiel.ca/ressources-guide-aines-qc

Note sur le langage

Pour simplifier la lecture, ce guide utilise « vous » au singulier/pluriel et alterne féminin/masculin (ex. : l'aîné/l'aînée). Cela inclut tout le monde, hommes et femmes du Québec, sans distinction.

PRÉAMBULE

Chères lectrices, chers lecteurs,

Toute une vie nous enseigne une vérité fondamentale : l'âge n'a jamais arrêté ceux qui refusent de s'arrêter. Ce n'est pas le chiffre sur votre certificat de naissance qui vous définit, c'est cette flamme de curiosité qui brûle encore en vous.

Plus jeune, on me répétait que j'étais trop jeune. Qu'il fallait attendre mon tour, accumuler des années d'expérience avant de prétendre à quoi que ce soit ! J'ai refusé d'écouter. J'ai foncé, appris en faisant, réussi sans demander la permission. C'est là que j'ai compris : ces limites qu'on nous impose ne sont que des illusions entretenues par ceux qui ont peur du changement.

Aujourd'hui, c'est à votre tour d'ignorer ces voix qui murmurent que la technologie n'est « pas pour votre génération ». Trop jeune hier, trop vieux aujourd'hui : ce discours n'a qu'un but, vous garder immobile.

Regardez ce que vous avez déjà accompli. Vous avez survécu à des décennies de bouleversements, domestiqué le micro-ondes, apprivoisé l'ordinateur, déchiffré ces télécommandes aux quarante-sept boutons. Cette résilience ne vous a pas quittés. À 65, 75, 85 ans ou plus, votre cerveau garde intact son pouvoir d'apprendre. Mieux encore, vous possédez la sagesse et la patience nécessaires pour vraiment maîtriser un outil.

L'intelligence artificielle, que nous appellerons IA dans ce livre, vous semble peut-être aussi étrangère que le téléphone l'était pour vos grands-parents. Vous reconnaissez ce regard condescendant : « Laisse tomber, je vais m'en occuper. » Mais vous savez ce qui arrive quand on persévère : l'inconnu devient familier. J'ai conçu ce livre pour vous guider sans jugement, sans condescendance.

La technologie n'appartient pas qu'aux jeunes. Vous méritez de comprendre ces outils qui redessinent notre monde.

Quand on me disait trop jeune pour réussir, je leur ai prouvé qu'ils avaient tort. C'est maintenant votre tour de démolir ce mythe absurde qu'il existe un âge limite pour apprendre.

Respirez profondément. Ouvrez votre cœur à cette aventure. Et quand quelqu'un osera vous dire que vous êtes trop vieux pour maîtriser l'intelligence artificielle, contentez-vous de sourire. Vous êtes exactement là où vous devez être, au bon moment, prêt à écrire le prochain chapitre.

Votre guide IA

INTRODUCTION
Votre guide simple vers l'intelligence artificielle

Bienvenue dans votre guide pratique pour comprendre et maîtriser les bases de l'intelligence artificielle (IA).

Ce livre a été conçu pour vous. Simplement. Sans prétention ni jargon inutile.

Ce guide s'adresse aux Québécoises et Québécois de 65 ans et plus qui souhaitent découvrir l'intelligence artificielle à leur rythme. Vous avez des histoires, de la sagesse, une riche expérience. Vous méritez de rester connecté avec vos proches, de découvrir les outils qui facilitent votre quotidien, et d'en comprendre le fonctionnement.

L'intelligence artificielle est partout maintenant. À la télévision, dans votre téléphone intelligent, sur Netflix. Il est normal qu'elle vous semble intimidante au début. Rassurez-vous : ce guide vous accompagne à votre rythme, comme un ami qui prend le temps d'expliquer.

1. Pourquoi ce livre existe-t-il ?

Mon objectif est simple : vous montrer comment l'IA peut vraiment vous aider au quotidien. Imaginez rédiger un courriel en quelques secondes, trouver vos horaires d'autobus rapidement, modifier les réglages de votre téléphone sans vous perdre dans les menus, ou découvrir une recette avec ce qui est dans votre frigo. Tout cela en quelques minutes, sans frustration ni complexité.

2. Comment utiliser ce livre ?

Ce livre est conçu pour être votre compagnon de découverte, pas un manuel rigide. Vous êtes aux commandes de votre apprentissage.

Lisez à votre rythme. Pas d'urgence ici. Prenez votre tasse de thé préférée, installez-vous dans votre fauteuil favori et savourez chaque page. Nous avançons ensemble, pas à pas, pour découvrir les bases de l'intelligence artificielle. Chaque chapitre vous guide comme un ami fidèle à vos côtés. À votre rythme, vous gagnerez en autonomie.

Mon langage reste simple. Comme une recette de grand-mère, des comparaisons du quotidien rendront chaque idée limpide. Des résumés clairs vous aideront à retenir l'essentiel sans effort. Ne vous inquiétez pas si certains concepts semblent nouveaux au début. Tout deviendra facile, je vous le promets.

3. La structure simple de ce livre

Afin de faciliter un apprentissage efficace, j'ai structuré cet ouvrage telle une pyramide où des bases solides permettent de bâtir et développer des compétences durables en intelligence artificielle. Chaque chapitre propose des explications courtes, listes, tableaux et exercices immédiats, sans jargon technique, mais avec des comparaisons familières pour tester sans risque les 4 outils gratuits populaires : ChatGPT, Claude, Gemini et Perplexity.

En tournant ces pages, vous acquerrez un allié puissant au service de votre bien-être, respectant les valeurs québécoises, progressant du plus simple au plus élaboré avec des exemples concrets adaptés à votre quotidien.

Figure 1 - La pyramide de l'apprentissage de cet ouvrage.

Les outils d'apprentissage

Ce livre a été conçu pour rendre votre apprentissage fluide et agréable, ce, à votre propre rythme. Vous y trouverez des outils pratiques qui vous accompagneront tout au long de votre découverte de l'intelligence artificielle.

Je vous recommande vivement de suivre les étapes dans l'ordre. Je comprends parfaitement votre enthousiasme, mais progresser trop vite pourrait entraîner des incompréhensions de votre part.

Pour la très grande majorité des exercices de ce livre, les outils présentés fonctionnent directement en ligne, sans aucune installation. Ils sont entièrement sécuritaires et n'accèdent qu'aux informations que vous leur transmettez volontairement. Vos données personnelles restent parfaitement protégées sur vos appareils.

Une seule exception : l'exercice Bonus 1, entièrement optionnel, propose d'explorer le mode mains libres de ChatGPT sur son application mobile. Cet exercice requiert l'installation de l'application ChatGPT sur votre téléphone intelligent ou votre tablette. Si vous préférez ne pas l'installer, vous pourrez passer votre chemin et continuer avec les exercices suivants.

Voici quelques-uns des outils utilisés dans ce livre :

Faites la connaissance de Monsieur Simon

Afin de simplifier votre découverte de l'intelligence artificielle, **M. Simon** vous accompagnera à chaque étape de votre lecture. Repérez ses apparitions dans les encadrés explicatifs : c'est le signe qu'il est là pour démystifier un terme technique ou vous glisser une astuce utile.

L'intelligence artificielle, c'est comme avoir un ami savant dans votre appareil. Il connaît plein de sujets, comprend vos questions et vous aide dans vos tâches quotidiennes.

Tableaux synthèses

Des tableaux regroupent les informations importantes pour faciliter la comparaison et la compréhension.

Fiches récapitulatives

Des fiches résument l'essentiel de chaque outil IA. Gardez-les à portée de main pour réviser rapidement.

Celles-ci sont également téléchargeables en balayant le code QR ci-bas ou en vous rendant à :

Téléchargement gratuit des ressources de ce livre et bien plus encore ! + Chapitre 8 GRATUIT
https://guideiaofficiel.ca/ressources-guide-aines-qc

Questions de révision

Cinq questions simples terminent chaque chapitre pour vérifier votre compréhension. Au besoin, retournez au passage correspondant.

Capture d'écran

Ce livre contient des captures d'écran pour faciliter votre compréhension des interfaces. De nouvelles fonctions améliorées apparaissent chaque semaine dans l'IA, mais les principes enseignés restent toujours valides, peu importe les changements d'apparence !

Exercices pratiques

Vingt-neuf exercices concrets vous permettent de vous familiariser gratuitement avec ChatGPT, Claude, Gemini et Perplexity. Rien de mieux que la pratique pour apprendre !

Votre liberté de choix - Vous n'êtes pas obligé de tout faire.

Certains lecteurs feront tous les exercices. D'autres choisiront seulement ceux qui les intéressent. **Les deux approches sont parfaites.**

Ce livre est comme un buffet : prenez ce qui vous plaît, laissez le reste.

CHAPITRE 1
Qu'est-ce que l'IA ? (Définition)

1. Bienvenue au cœur de l'IA !

Ce chapitre pose les bases de l'intelligence artificielle, simplement et à votre rythme.

À la fin, vous comprendrez :

1. Ce qu'est l'intelligence artificielle
2. Pourquoi elle existe et à quoi elle sert
3. Comment elle apprend
4. Des exemples concrets du Québec
5. Comment l'utiliser en toute confiance

Allons-y tranquillement. Je vous prends par la main pour explorer cette nouvelle technologie, pas à pas, exactement à votre rythme.

2. Une définition claire et concrète de l'IA

Définition

L'intelligence artificielle (IA) est un ensemble de programmes qui imitent certaines capacités de l'esprit humain (comme reconnaître, comprendre, décider ou apprendre) afin d'aider à accomplir des tâches.

L'IA, c'est donc un logiciel conçu pour vous donner un coup de main.

Imaginez un assistant dans votre ordinateur, votre tablette ou votre téléphone intelligent. Vous lui posez une question ou vous lui demandez un service (ex. rédiger un message, résumer un texte, trouver une idée), et il vous propose une réponse.

Contrairement à un appareil qui fait toujours exactement la même chose (comme un grille-pain), l'IA peut s'ajuster selon la demande et le contexte. Elle s'améliore avec l'expérience, parce qu'elle a été entraînée à partir de nombreux exemples et elle utilise ces exemples pour proposer la meilleure réponse possible.

Exemples que vous connaissez déjà :

Sur Netflix, l'IA observe les films que vous regardez et vous suggère d'autres titres similaires. Si vous appréciez les documentaires historiques, elle privilégie ce type de contenu, vous épargnant des heures de recherche.

Sur Google, une recherche simple comme « recette équilibrée pour le dîner » génère une liste personnalisée, basée sur des millions d'exemples analysés.

Sur Facebook, l'IA met en avant les publications de vos proches ou les actualités pertinentes, selon vos interactions passées.

> **Bon à savoir :** Ces fonctions reposent sur des calculs mathématiques exécutés à grande vitesse par des ordinateurs modernes. L'IA ne « pense » pas, elle ne ressent pas d'émotions ni n'a de conscience, mais elle traite des données de façon logique et efficace.

Les trois (3) grandes catégories de l'IA : Étroite, générative et générale

Pour bien apprivoiser l'IA, il est utile de distinguer ses trois visages.

1. L'IA étroite : L'expert spécialisé

C'est l'IA que vous utilisez déjà depuis des années sans forcément le savoir. Elle est conçue pour exceller dans **une seule tâche précise**. Elle est très fiable, mais elle ne sait rien faire d'autre.

- **Exemple :** Siri ou l'Assistant Google. Ils peuvent lancer un appel si vous le demandez, mais ils ne peuvent pas écrire un poème pour l'anniversaire de votre petit-fils.
- **Exemple :** Le correcteur orthographique de votre tablette. Il repère les fautes, mais ne comprend pas le sens de votre histoire.

2. L'IA générative : Le créateur polyvalent

C'est la grande nouveauté, celle dont traite principalement ce livre (comme ChatGPT). C'est une forme d'IA plus avancée capable de **créer** du contenu nouveau. Elle peut rédiger du texte, créer des images ou résumer des articles.

La nuance : Bien qu'elle semble très intelligente, car elle peut parler de tout (recettes, histoire, voyage), elle reste techniquement une « machine à prédire » les mots. Elle n'a pas de conscience.

3. L'IA générale : Le rêve de science-fiction

C'est un concept théorique désignant une machine qui aurait une intelligence égale à l'humain : capable de ressentir, d'avoir une conscience et d'apprendre n'importe quel métier sans aide.

Rassurez-vous : Cela n'existe pas. Aucune technologie actuelle n'en est là. L'IA d'aujourd'hui reste un outil sous votre contrôle, pas une machine toute-puissante.

3. Comment l'IA apprend

Comment l'IA apprend-elle ? (Le « Deep Learning »)

Vous entendrez peut-être parler d'**apprentissage profond** (*deep learning*). C'est le « moteur » qui permet à l'IA de fonctionner. Son principe est simple : elle apprend par l'observation, un peu comme un enfant.

L'analogie du chat

Imaginez que vous montrez 1 000 photos de chats à une personne qui n'en a jamais vu. Cette personne observe les points communs : oreilles pointues, moustaches, forme des yeux. Après cet entraînement, elle pourra reconnaître un chat instantanément, même sur une photo qu'elle n'a jamais vue auparavant.

L'IA fait exactement la même chose :

1. On lui montre des millions d'exemples (textes ou images).
2. Elle repère les motifs récurrents.
3. Elle établit ses propres règles pour reconnaître ou créer du contenu.

Des exemples concrets au Québec

- **Dans nos hôpitaux :** L'IA analyse des milliers de radiographies pour apprendre à quoi ressemble une anomalie. Elle aide ensuite les radiologistes à détecter des cancers plus rapidement (mais c'est toujours le médecin qui pose le diagnostic final).
- **À votre banque :** Une IA sécuritaire (interne à la banque) surveille vos transactions pour apprendre vos habitudes. Si vous faites habituellement votre épicerie chez Métro pour 50 $, mais qu'une transaction de 5 000 $ apparaît soudainement depuis la Thaïlande, l'IA détecte cette anomalie en une fraction de seconde et alerte le service de sécurité pour prévenir la fraude.

4. Points importants à retenir

L'IA n'est pas humaine

Même si elle vous répond poliment, l'IA n'a ni sentiments, ni conscience, ni volonté propre. C'est une immense calculatrice très sophistiquée, un outil au service de l'humain, sans agenda caché.

Elle peut se tromper (les « hallucinations »)

L'IA ne « sait » pas la vérité ; elle prédit ce qui est probable en se basant sur les immenses quantités de données qu'elle a lues. Parfois, elle peut inventer des faits ou des références qui ont l'air très crédibles, mais qui sont faux.

Conseil d'or : Vérifiez toujours les informations importantes (santé, légale, finances) auprès d'une source officielle ou d'un professionnel.

Vos informations et la sécurité

Au pays, des lois encadrent strictement l'utilisation des données. Les entreprises sérieuses doivent protéger vos informations personnelles. De plus, les gouvernements mettent progressivement en place des règles pour s'assurer que l'IA reste un outil juste et sécuritaire pour tous. Nous aborderons ce volet dans son entièreté au chapitre 6.

5. Conclusion

Vous possédez maintenant une compréhension solide des bases : l'IA est un outil d'assistance puissant qui apprend par l'exemple. Loin d'être intimidante, elle est là pour simplifier votre quotidien, automatiser les tâches répétitives et vous libérer du temps pour l'essentiel.

Ce que vous avez appris :

✅ L'IA est un outil logique, pas une entité vivante

✅ Elle apprend en regardant le passé

✅ Elle existe déjà dans Netflix, Google, Facebook et votre banque

✅ Elle peut se tromper (vérifiez les informations importantes)

✅ Vos données sont protégées par le cadre législatif

FÉLICITATION ! - Vous connaissez maintenant la définition de l'IA.

6. Avez-vous bien compris ?

1. **L'IA peut-elle penser comme un humain ?**

   Réponse : Non. L'IA est une machine à calculer très rapide, mais elle n'a pas de vraies pensées.

2. **Pourquoi l'IA sur Netflix sait-elle que vous aimez les drames ?**

   Réponse : Elle a regardé vos choix passés de films et en a tiré des leçons.

3. **Est-ce dangereux de donner mon adresse à l'IA ?**
   Réponse : Non, si vous utilisez des services sécurisés (nous en parlerons au chapitre 6). Les lois canadiennes protègent vos données.
4. **L'IA générale existe-t-elle maintenant ?**
   Réponse : Non. C'est un rêve pour le futur. Pour l'instant, l'IA spécialisée (ChatGPT, Claude, etc.) est ce qui existe.
5. **Si l'IA me donne une information médicale importante, puis-je la croire ?**
   Réponse : Non, je vous suggère de toujours vérifier avec votre médecin. L'IA peut se tromper.

CHAPITRE 2
L'Histoire de l'IA : Des origines à aujourd'hui

1. L'Histoire de l'IA en quelques étapes clés

Ce chapitre est court, simplement raconté, sans trop de dates ni de noms compliqués. Pourquoi ? Parce que comprendre d'où vient l'IA vous aidera à l'utiliser avec plus de confiance.

Un Voyage de 70 Ans

L'histoire moderne de l'IA débute en 1956, lors d'une conférence universitaire. Un groupe de scientifiques se pose une question audacieuse : « Pouvons-nous créer des machines qui pensent ? »

Ils rêvent grand. Mais au début, les résultats sont modestes. Les ordinateurs sont énormes et lents.

Les Années 1950-1990 : Les Rêves et les Déceptions

Les premiers programmes jouent aux échecs contre les humains. C'est impressionnant... mais limité. Les gouvernements et universités investissent beaucoup d'argent.

Puis, c'est la déception. Les promesses sont trop grandes. Les technologies sont trop lentes. **L'intérêt chute**. On appelle ça « l'hiver de l'IA » (1974-1980, puis 1987-1993). Pendant ces périodes, presque personne ne veut financer l'IA. **Les bonnes choses prennent du temps.**

Les années 1990-2000 : stabilisation de l'IA

Les ordinateurs deviennent plus puissants. L'IA recommence à progresser, doucement. En 1997, un ordinateur appelé *Deep Blue* bat le champion mondial d'échecs. C'est un moment symbolique : « Une machine peut battre l'humain ! » Mais ce n'est pas « l'IA générale » : c'est juste du calcul très rapide.

Au Canada, des scientifiques comme Geoffrey Hinton (à Toronto) commencent à explorer de nouvelles idées.

Les Années 2010 : Le grand décollage

Pourquoi l'IA est-elle devenue soudainement si puissante il y a une dizaine d'années ? C'est grâce à la réunion de trois ingrédients essentiels, un peu comme une « recette parfaite » :

1. **Le carburant : Une quantité massive de données**

Avec l'explosion d'Internet et des téléphones intelligents, nous avons commencé à produire des milliards de textes, de photos et de vidéos chaque jour et à les rendre disponibles sur internet. Soudainement, l'IA avait accès à une bibliothèque d'exemples quasi infinie pour s'entraîner.

2. Le moteur : Des ordinateurs ultrarapides

Les chercheurs ont découvert que les puces informatiques utilisées pour les **jeux vidéo** (les cartes graphiques) étaient excellentes pour faire les calculs mathématiques complexes de l'IA. Ce matériel a permis de traiter les données à une vitesse jamais vue auparavant.

3. La méthode : L'apprentissage profond (Deep Learning)

C'est la pièce manquante du casse-tête. Des chercheurs (dont le Québécois Yoshua Bengio) ont perfectionné la technique permettant à la machine d'apprendre par couches successives, imitant le fonctionnement des neurones. C'est la naissance de l'IA moderne telle qu'on la connaît.

Apprentissage profond/par couche (Deep Learning)
Imaginez un système en « millefeuille » qui imite notre cerveau. L'information traverse plusieurs couches successives : la première repère les détails simples, la suivante les assemble, et la dernière comprend le tout. C'est cette superposition qui permet à l'IA d'être si performante.

Le Québec et le Canada au centre de l'action

- **Geoffrey Hinton** à Toronto popularise l'apprentissage profond et influence des géants comme Google
- À Montréal, **Yoshua Bengio** et l'**Institut Mila** deviennent un centre mondial de l'IA, attirant des centaines de millions de dollars et développant des applications en agriculture et en santé, notamment pour les hôpitaux

Les Années 2020 : L'Arrivée chez vous

En 2022 : Une entreprise appelée OpenAI lance ChatGPT. C'est une révolution !

100 millions de personnes l'utilisent en deux mois. Une progression plus rapide que Facebook, TikTok et Instagram.

Pourquoi ? Parce que ChatGPT peut **discuter avec vous** comme une vraie personne. Vous lui posez une question en français simple et il répond en français.

D'autres outils arrivent par la suite : Claude, Gemini, Perplexity. Tous gratuits.

En 2026 (maintenant)

- L'IA est partout dans votre quotidien.
- Les différents pays et entités législatives tendent à encadrer l'AI.
- Le Canada est un leader mondial grâce à des chercheurs québécois.

Ce que cela signifie pour vous

- **C'est normal que ce soit compliqué au début.** Même les experts ont dû attendre 70 ans !
- **Ça prend du temps pour maturer.** Les bonnes choses sont rarement instantanées.
- **Vous vivez à un moment spécial.** L'IA est enfin simple et accessible.

Vous n'avez rien manqué. Vous arrivez exactement au bon moment.

2. Avez-vous bien compris ?

1. **En quelle année a commencé l'histoire de l'IA ?**

   Réponse : 1956, lors d'une conférence.

2. **Pourquoi l'IA a-t-elle eu des « hivers » (périodes de ralentissement) ?**
   Réponse : Parce que les promesses étaient trop grandes et la technologie pas assez puissante.
3. **Qui est Geoffrey Hinton et pourquoi est-il important ?**
   Réponse : Un chercheur canadien (à Toronto) qui a eu des idées révolutionnaires pour l'IA.
4. **ChatGPT est-il le seul outil d'IA qu'il faut connaître ?**
   Réponse : Non. Il y a aussi Claude, Gemini, Perplexity et beaucoup d'autres.
5. **L'IA était-elle accessible au public en 2010 ?**
   Réponse : Non. Elle était surtout utilisée par les entreprises en secret. En 2022, c'est devenu public et gratuit.

CHAPITRE 3
Premiers pas avant de commencer

1. La section la plus importante de ce livre

Dans les 2 premiers chapitres, vous avez compris ce qu'est l'IA et d'où elle vient.

Maintenant, arrêtons-nous un instant.

Avant de vous lancer dans les exercices pratiques, prenons le temps de nous préparer ensemble. Ce chapitre est comme vérifier votre sac avant une randonnée : avez-vous tout ce qu'il faut ? Êtes-vous prêt mentalement ?

Ce que nous allons faire dans ce chapitre :

1. Vérifier que vous avez tout ce qu'il faut (matériel et confiance)
2. Apprendre les gestes de base (une seule fois !)
3. Faire un tout petit exercice de 2 minutes pour briser la glace
4. Choisir votre rythme personnel

2. Votre liste de vérification : Êtes-vous prêt ?

Voici une liste de ce dont vous avez VRAIMENT besoin pour la partie pratique de ce livre.

- Un appareil avec Internet :
  - Votre téléphone intelligent (iPhone, Android)
  - Votre tablette (iPad, Samsung, etc.)
  - Votre ordinateur (Windows, Mac, Chromebook)

N'importe lequel fera l'affaire.

Vous n'en avez pas ?

Pas de problème ! Consultez votre bibliothèque municipale.
La plupart d'entre elles offrent la possibilité d'accéder à Internet à partir de leurs propres appareils.

- **Une connexion Internet**

Une connexion de base à internet est nécessaire pour accéder aux différents outils IA. Pas besoin d'une connexion ultrarapide. Le wifi de votre maison, de votre résidence, d'un ami ou d'un café est plus que suffisant.

- **Une adresse courriel**

Une adresse courriel vous sera nécessaire pour créer des comptes gratuits sur les différents outils IA. Si vous avez déjà Gmail, Outlook, Yahoo ou toute autre adresse, c'est parfait.

Vous n'avez pas de courriel ? Ce n'est pas grave. Nous vous montrerons comment en créer un gratuit en 5 minutes (voir Annexe A).

- **Du temps tranquille**

Pour vos premiers essais, choisissez un moment où :

- Vous n'êtes pas pressé
- Personne ne vous dérange
- Vous pouvez vous concentrer 10-15 minutes

Le matin après le café ? Le soir après souper ? **C'est vous qui décidez.**

Ce dont vous n'avez PAS besoin

❌ Aucun paiement requis, tout dans ce livre utilise des versions gratuites

❌ Aucun cours préalable, on commence à zéro

❌ Aucune installation compliquée, tout se fait dans votre navigateur web

❌ Aucun talent technique, si vous lisez ce livre, vous avez ce qu'il faut

3. Les gestes de base : Apprenez-les une seule fois

Pour réussir les exercices de ce livre, vous aurez besoin de cinq gestes simples. Prenons un moment pour les apprendre ensemble : une fois acquis, vous saurez exactement quoi faire quand je vous dirai « Ouvrez ChatGPT ».

Je vais vous présenter ces gestes essentiels d'abord sur ordinateur, puis sur téléphone intelligent. Vous verrez, à part quelques petits détails, le fonctionnement est très similaire sur les deux appareils.

Sur Ordinateur

GESTE 1 : Ouvrir votre navigateur web

Explications :
Pour accéder à internet et naviguer sur les différents sites, il est nécessaire d'utiliser un navigateur web. Celui-ci est un programme informatique installé d'emblée sur votre ordinateur.

Comment faire :

1. Cherchez l'une des icônes (Chrome, Edge, Safari ou Firefox) ci-après sur votre écran d'accueil

Figure 2 - Les navigateurs web les plus populaires

2. Double-cliquez dessus
3. Une fenêtre s'ouvre → C'est votre navigateur !

GESTE 2 : Taper une adresse web

Explications :

Afin de vous permettre de vous rendre sur le site internet voulu, le navigateur a besoin d'une adresse web.

Exemple :

- Le site web de la Fédération de l'âge d'or du Québec (FADOQ) est https://www.fadoq.ca/.
- Le site web de la Bibliothèque et archives nationales du Québec (BANQ) est https://www.banq.qc.ca/

> **Bon à savoir :** Vous connaissez sûrement Google (https://www.google.com/). C'est le moteur de recherche le plus célèbre. Son rôle est simple : agir comme un annuaire mondial de l'Internet. Il cherche pour vous les adresses des sites web afin que vous puissiez vous y rendre facilement, sans avoir à les mémoriser.

Ainsi, lorsque vous avez l'adresse d'un site web et que vous désirez vous y rendre, celle-ci doit être inscrite dans la **barre d'adresse** du navigateur placée tout en haut de celui-ci (Voir figure 3).

Figure 3 - Exemple de page d'accueil d'un navigateur

Comment faire :

1. Ouvrez le navigateur (Geste 1)
2. Cliquez dans la barre blanche en haut (voir Figure 3 ci-haut)
3. Tapez l'adresse désirée. Dans le cas qui nous intéresse, tapez exactement l'adresse suivante : https://chatgpt.com/ (Ceci ouvrira ChatGPT)
4. Appuyez sur **Entrée** sur votre clavier

Astuce : Malgré que toutes les adresses web comportent des lettres telles « https: // » ou « www. », avant leur nom, il ne vous est pas nécessaire de tout inscrire. Dans l'exemple ci-haut, **Chatgpt.com** suffit.

Bon à savoir : Les « cookies », explication simple

> Lors de votre première visite sur les sites d'IA, les cookies (petits fichiers témoins composés de texte) vous demanderont la permission de s'installer sur votre appareil pour se souvenir de vous et garder votre connexion active.
>
> Les deux choix sont sécuritaires avec ces outils IA reconnus :
> ☑ **Accepter =** navigation fluide, sans questions répétées
> ☑ **Refuser =** l'outil fonctionne parfaitement (connexion maintenue, sans publicités ciblées).

GESTE 3 : Poser des questions à l'IA

Explications : Après avoir accédé au site web de ChatGPT (chatgpt.com) à l'étape précédente, nous voici maintenant sur la page d'accueil de ChatGPT. Comme pour toutes les IA présentées dans ce livre, l'élément le plus important est la **barre de saisie** (une zone blanche faite pour écrire).

Figure 4 - Barre de saisie des IA (ici ChatGPT) sur ordinateur

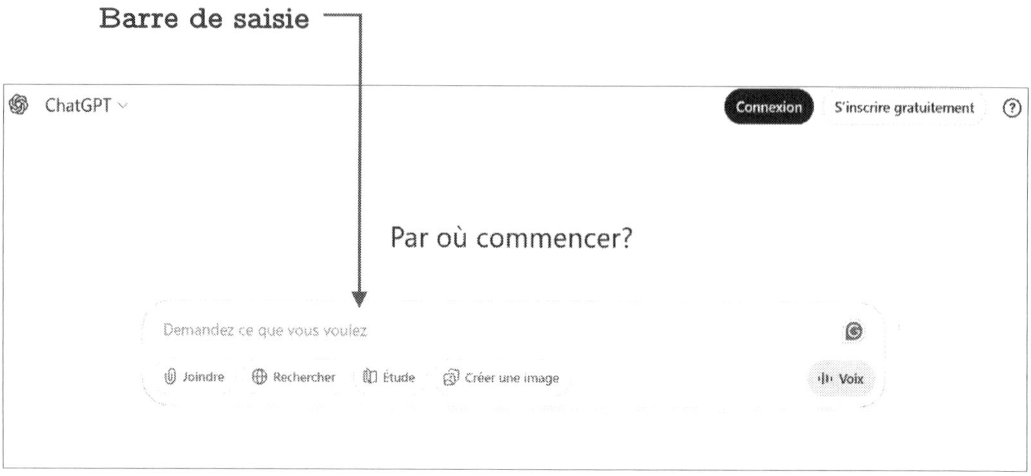

C'est dans cette barre de saisie que vous poserez vos questions à l'IA. Elle est toujours située au centre ou au bas de votre écran et affiche généralement un message d'invitation tel que :

- « Demandez ce que vous voulez » (sur ChatGPT)
- « Discutez avec Claude » (sur Claude)
- « Demandez à Gemini » (sur Gemini)
- « Demandez n'importe quoi » (sur Perplexity)

Comment faire :

1. GESTE 1 (ouvrez le navigateur)
2. GESTE 2 (ouvrez chatgpt.com)
3. Regardez au centre ou au bas de la page
4. Trouvez le rectangle blanc indiquant : « Demandez ce que vous voulez » ou similaire, cliquez dedans et commencez à écrire votre question !

💡 **Astuce : Comment aller à la ligne sans envoyer le message ?**

Par défaut, sur ordinateur, la touche **Entrée** envoie votre message à l'IA. Si vous voulez simplement sauter une ligne pour aérer votre texte, Maintenez la touche **Majuscule** (Shift ⇧) enfoncée, puis appuyez sur **Entrée.** *Note : Cette commande universelle fonctionne sur ChatGPT, Claude, Gemini et Perplexity.*

GESTE 4 : Envoyer votre message

Explications :

Une fois votre question écrite, vous devrez la transmettre à l'IA.

Comment faire :

1. GESTE 1 (ouvrez le navigateur)
2. GESTE 2 (ouvrez ChatGPT)
3. GESTE 3 (écrire à l'IA)
4. Appuyez sur la touche **Entrée** de votre clavier OU cliquez sur le bouton fléché ⬆ située à droite de la barre de saisie. Ces deux méthodes font exactement la même chose : elles envoient votre message. **C'est tout !** L'IA va réfléchir quelques secondes et vous répondre.

GESTE 5 : Copier et coller

Explications :

Le copier-coller est une fonction essentielle en informatique (sur PC, Chromebook, Mac, téléphone intelligent et tablette) : elle vous fait gagner énormément de temps.

Par exemple, si vous avez une phrase dans le **texte A** et que vous souhaitez l'insérer dans le **texte B**, le copier-coller vous permet de le faire sans la retaper mot à mot. On peut donc résumer le copier-coller en 3 étapes très faciles :

1. **Sélectionner** consiste à dire à l'ordinateur quel texte vous intéresse.
2. **Copier** consiste à enregistrer temporairement le texte sélectionné dans le presse-papiers (mémoire virtuelle) de l'appareil.
3. **Coller** consiste à récupérer l'information enregistrée dans le presse-papiers et à la placer à l'endroit voulu.

Cette fonction est quasi universelle dans le monde informatique. Elle vous permet de copier-coller du texte, des photos ou des fichiers en toute simplicité. C'est un outil indispensable qui vous fera gagner un temps précieux, que vous soyez sur ordinateur, tablette ou téléphone intelligent.

Exemple - Considérons le texte suivant :

Figure 5 - Exemple de paragraphe dans lequel nous désirons sélectionner du texte

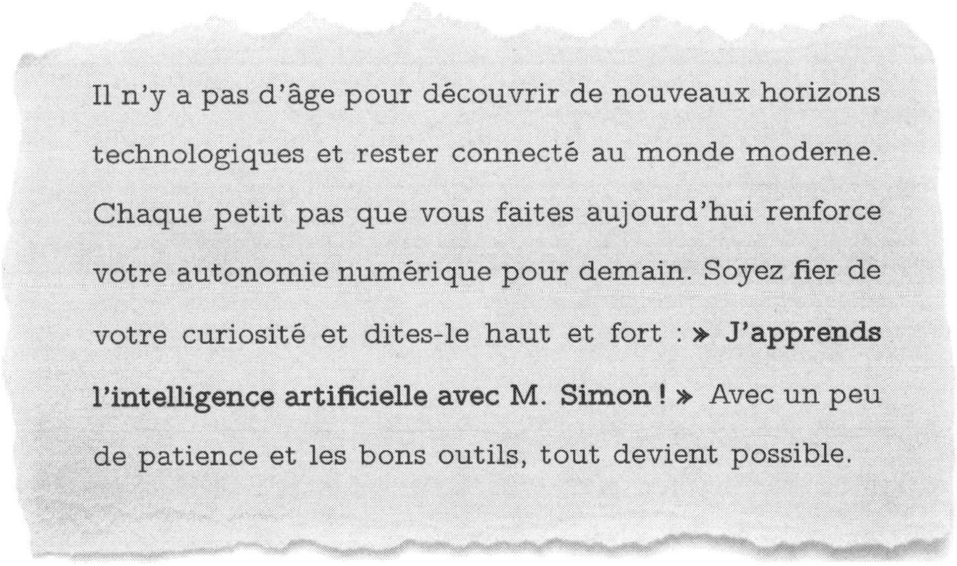
Il n'y a pas d'âge pour découvrir de nouveaux horizons technologiques et rester connecté au monde moderne. Chaque petit pas que vous faites aujourd'hui renforce votre autonomie numérique pour demain. Soyez fier de votre curiosité et dites-le haut et fort : » **J'apprends l'intelligence artificielle avec M. Simon !** » Avec un peu de patience et les bons outils, tout devient possible.

Imaginons maintenant que vous vouliez insérer la phrase **« J'apprends l'intelligence artificielle avec M. Simon »** se retrouvant dans le paragraphe précédent dans un courriel. La retaper entièrement serait long et vous risqueriez de faire des fautes de frappe. Voyons plutôt comment effectuer le copier-coller afin de vous simplifier la tâche.

Étape 1 - Sélectionner le texte

La première étape consiste à dire à l'ordinateur quel bout de texte vous intéresse : **c'est ce qu'on appelle « sélectionner »**. Dans notre exemple, nous voulons sélectionner la phrase : « *J'apprends l'intelligence artificielle avec M. Simon* ».

Comment faire :

1. Placez le curseur de votre souris (ce qui se déplace à l'écran lorsque vous déplacez votre souris) juste **devant** la première lettre du texte à sélectionner (ici, le « **J** »).
2. Maintenez le **bouton gauche** de la souris enfoncé (ne pas lâcher).
3. Glissez votre souris vers la droite jusqu'à dépasser la toute dernière lettre du texte à sélectionner (ici, le « **n** » de Simon).
4. Lâchez le bouton : le texte devrait maintenant être surligné.

Figure 6 - Exemple d'un texte qui a été sélectionné

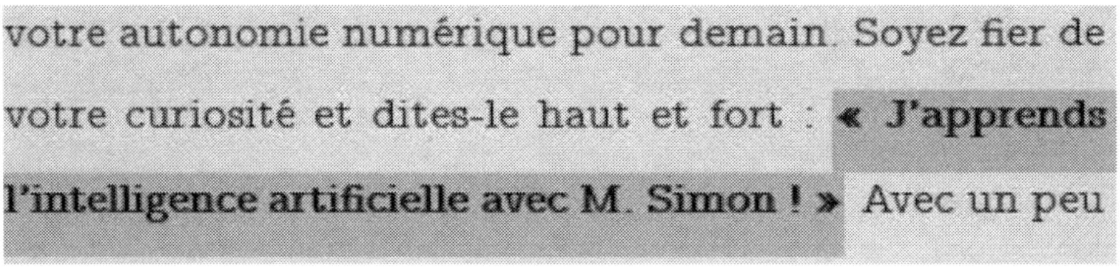
votre autonomie numérique pour demain. Soyez fier de votre curiosité et dites-le haut et fort : **« J'apprends l'intelligence artificielle avec M. Simon ! »** Avec un peu

Étape 2 - Copier le texte

Maintenant que votre texte est sélectionné (surligné) et que vous avez relâché le bouton de la souris, vous allez copier le texte.

Comment faire :

1. Placez le curseur de votre souris directement sur la zone surlignée.
2. Cliquez une fois avec le bouton droit. Un petit menu va apparaître.
3. Dans ce menu, cherchez le mot » Copier » ou » Copy».
4. Cliquez dessus avec le bouton gauche.

Et voilà ! Vous venez de copier le texte. Il est maintenant dans la mémoire virtuelle de votre ordinateur que nous appelons le presse-papier.

Étape 3 - Coller

Une fois votre texte copié, il est temps de le déposer (le « coller ») là où vous en avez besoin : dans ChatGPT ou, comme dans notre exemple, dans un courriel.

Comment faire :

1. Identifiez l'endroit exact où vous voulez mettre le texte.
2. Cliquez **une fois** à cet endroit avec le **bouton gauche** de la souris. Une petite barre verticale clignotante apparaît : c'est votre curseur.
3. Au même endroit, cliquez une fois avec le **bouton droit**.
4. Un menu s'ouvre : cherchez le mot » **Coller »** (ou » *Paste* »).
5. Cliquez dessus avec le **bouton gauche**. Le texte apparaît instantanément !

💡 Astuce de pro : Les raccourcis clavier

Pour gagner en vitesse, remplacez le clic droit de la souris par des combinaisons de touches simples. Cela se fait en deux temps :

1. **Copier** : Sélectionnez votre texte, maintenez la touche **Ctrl** (ou **Cmd ⌘** sur Mac) et appuyez sur **C**.
2. **Coller** : Cliquez à l'endroit voulu, maintenez **Ctrl** (ou **Cmd ⌘**) et appuyez sur **V**.

Votre texte apparaîtra instantanément. C'est le duo de commandes le plus utile en informatique !

Figure 7 - Résumé des raccourcis copier-coller

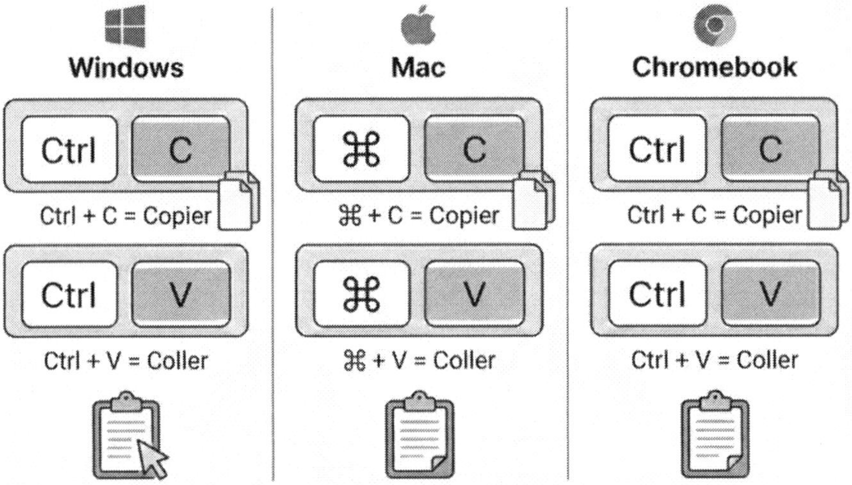

Sur Téléphone intelligent ou Tablette

GESTE 1 : Ouvrir votre navigateur

Même principe que l'ordinateur, mais vous **touchez** l'icône de votre navigateur (tel chrome, ou Safari) au lieu de cliquer.

1. Appuyez sur l'icône

Figure 8 - Logos des navigateurs Google Chrome et Safari

GESTE 2 :

1. GESTE 1 (ouvrez le navigateur)
2. Touchez la **barre d'adresse** en haut
3. Tapez l'adresse web avec le clavier qui apparaît (ex. : chatgpt.com)
4. Touchez « Aller » ou « OK » sur le clavier

GESTE 3 : Trouver où écrire dans ChatGPT

1. GESTE 1 (ouvrez le navigateur)
2. GESTE 2 (ouvrez ChatGPT.com)

3. Même principe que la version sur ordinateur : identifier la barre de saisie (Demandez n'importe quoi) située en bas de l'écran.

Figure 9 - Barre de saisie des IA (ici ChatGPT) sur téléphone intelligent

GESTE 4 : Envoyer votre message

1. GESTE 1 (ouvrez le navigateur)
2. GESTE 2 (ouvrez ChatGPT)
3. GESTE 3 (écrire à l'IA)
4. Appuyez sur la flèche ⬆ située à la droite de la barre de saisie.

GESTE 5 : Copier et coller sur téléphone intelligent

Le copier-coller est tout aussi magique sur votre téléphone ou votre tablette que sur un ordinateur. Le principe reste le même : récupérer un texte à un endroit (A) pour le déposer à un autre (B), sans avoir à le retaper.

Le secret sur mobile, c'est **l'appui long** (garder le doigt posé sur l'écran).

Rappelons les 3 étapes :

1. **Sélectionner** : Dire à l'appareil quel bout de texte vous voulez.
2. **Copier** : Mettre ce texte en mémoire.
3. **Coller** : Déposer le texte ailleurs.

Exemple pratique

Imaginons que vous vouliez envoyer la phrase suivante par texto ou courriel :

« J'apprends l'intelligence artificielle avec M. Simon »

Voyons comment faire, étape par étape, avec vos doigts.

Étape 1 - Sélectionner le texte

Sur un ordinateur, on utilise la souris. Sur un écran tactile, tout se fait avec votre doigt.

Comment faire :

1. Repérez un mot dans la phrase (par exemple le mot « Simon »).
2. Posez votre doigt sur ce mot et **maintenez-le appuyé** pendant environ une seconde (comme si vous vouliez laisser une empreinte digitale).
3. Le mot va se surligner en couleur et deux petites « poignées » (des gouttes ou des barres verticales) vont apparaître au début et à la fin du mot.
4. **Ajustez la sélection :** Posez votre doigt sur la poignée de gauche et glissez-la jusqu'au début de la phrase (« J »). Faites la même chose avec la poignée de droite jusqu'à la fin de la phrase. Tout le texte souhaité doit être coloré.

Étape 2 - Copier le texte

Une fois que votre texte est bien encadré par les poignées de sélection, un petit menu noir ou blanc apparaît juste au-dessus (ou parfois en dessous) du texte surligné.

Comment faire :

1. Regardez dans ce petit menu flottant.
2. Appuyez simplement sur le mot » **Copier »**.
3. La sélection disparaît : c'est bon signe ! Votre texte est maintenant copié dans la mémoire invisible de votre téléphone.

Figure 10 - Démonstration visuelle des étapes « sélectionner » et « copier » de la fonction « copier-coller »

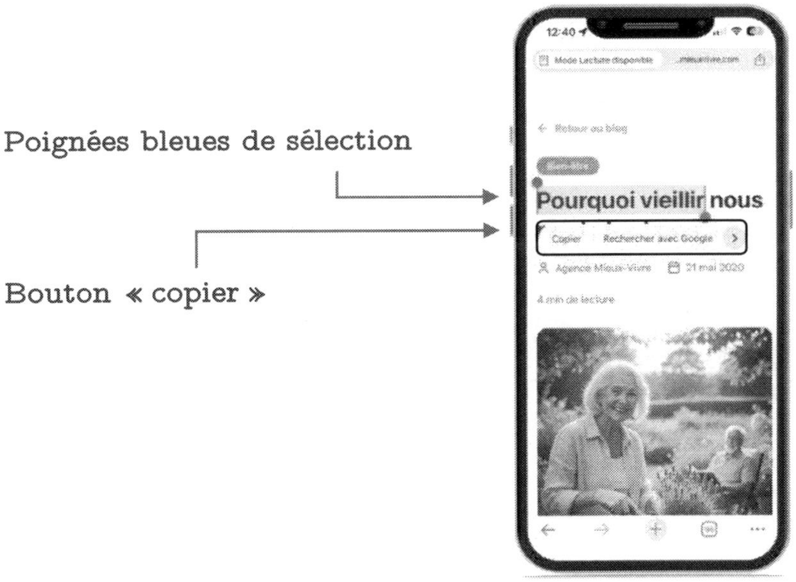

Si le menu disparaît avant que vous n'ayez eu le temps de cliquer, pas de panique ! Appuyez simplement une fois sur le texte coloré pour le faire réapparaître.

Étape 3 - Coller le texte

Maintenant, allons déposer ce texte ailleurs (par exemple dans l'application ChatGPT ou dans un message).

Comment faire :

1. Allez à l'endroit où vous voulez écrire (la barre de saisie du message).
2. Appuyez une fois dans la zone vide pour faire apparaître le clavier.

3. Faites un **appui long** (gardez le doigt posé 1 seconde) exactement là où le curseur clignote.
4. Quand vous relâchez votre doigt, un petit menu apparaît avec l'option » **Coller »**.
5. Appuyez sur » **Coller »**. Votre phrase apparaît instantanément !

En résumé : on sélectionne, on copie, on change d'endroit, et on colle. C'est aussi simple que cela. Prenez le temps de vous exercer quelques fois aujourd'hui même, et ce geste deviendra vite une seconde nature.

Figure 11 - Démonstration visuelle de l'étape « coller » de la fonction « copier-coller »

Bravo ! Vous possédez maintenant tous les outils techniques nécessaires, que ce soit au bout des doigts ou au clavier. Il est temps de laisser la théorie de côté pour passer à la pratique : réalisons ensemble votre toute première conversation avec ChatGPT.

Qu'est-ce qu'une « Conversation » ?

Dans le monde de l'IA, une conversation (ou un *chat*) est comme un dossier thématique.

Tout ce que vous écrivez à l'intérieur de ce dossier reste lié : l'IA se souvient du début, du milieu et de la fin. Elle garde le fil de vos idées tant que vous ne fermez pas ce dossier. C'est ce qui vous permet de dialoguer naturellement, sans avoir à répéter le contexte à chaque phrase.

4. Votre premier contact avec l'IA

Faisons un tout petit exercice ensemble. Pour voir que **ça marche vraiment**.

EXERCICE : Votre première question

Ce que nous allons faire : Demander l'heure qu'il est à Montréal

Pourquoi cet exercice ?

- Il est simple (une seule question)
- Il ne demande aucune information personnelle
- Il vous montre que l'IA répond vraiment

ÉTAPE 1 : Ouvrez votre navigateur (Chrome, Safari, Edge, Firefox)

ÉTAPE 2 : Dans la barre d'adresse en haut, tapez : chatgpt.com

Aucun compte n'est nécessaire pour cette première fois : vous êtes automatiquement en mode invité !

ÉTAPE 3 : Vous voyez une page avec écrit « Demandez ce que vous voulez » en bas ? Parfait !

Figure 12- Barre de saisie de ChatGPT (version ordinateur et mobile)

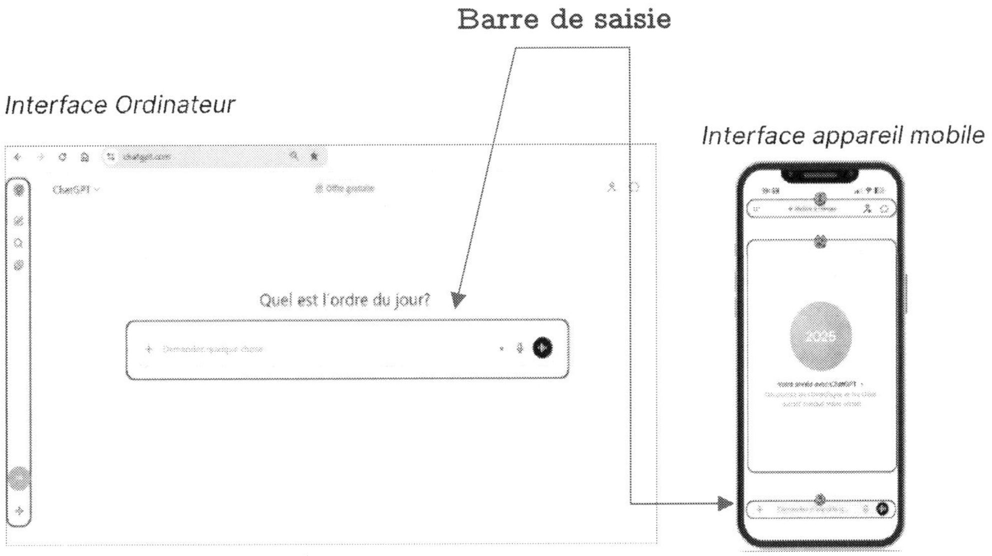

ÉTAPE 4 : Cliquez (ou touchez) dans cette barre et écrivez exactement : *« Quelle heure est-il à Montréal en ce moment ? »*

ÉTAPE 5 : Appuyez sur Entrée (ou touchez le bouton ↑)

ÉTAPE 6 : Regardez ! L'IA va vous répondre en quelques secondes.

Ce qui vient de se passer

Félicitations ! Vous venez de :

- ☑ Utiliser l'intelligence artificielle pour la première fois
- ☑ Poser une question en français simple
- ☑ Recevoir une réponse utile en quelques secondes

C'était simple, non ?

5. Choisissez votre rythme personnel

Pourquoi cette section maintenant ?

Vous vous demandez peut-être : « Pourquoi me parler de rythme maintenant, alors que je n'ai pas encore vraiment commencé ? »

La réponse est simple : Vous venez de franchir une étape cruciale. Vous avez compris **ce qu'est l'IA** (Chapitre 1) et **d'où elle vient** (Chapitre 2). Vous maîtrisez maintenant **les gestes de base** et avez même posé votre première question à l'IA. Ces fondations théoriques et techniques étaient essentielles — impossible de bâtir sans fondations solides.

Mais maintenant, tout change.

Le prochain chapitre marque un tournant : nous laissons la théorie pour entrer dans l'action. Vous y découvrirez 28 exercices concrets pour maîtriser ChatGPT, Claude, Gemini et Perplexity. Mais avant de vous lancer dans cette exploration intensive, prenons un instant pour définir la stratégie d'apprentissage qui vous convient le mieux.

Pourquoi maintenant et pas au début du livre ? Parce qu'au début, vous ne saviez pas encore ce que représentait « un exercice avec l'IA ». Maintenant que vous avez posé votre première question et reçu une réponse, vous savez concrètement ce qui vous attend. **Vous pouvez donc faire un choix éclairé.**

Votre première étape est déjà derrière vous

Vous venez de poser votre première question à l'IA et de recevoir une réponse. C'était peut-être intimidant au début, mais vous l'avez fait ! Cette première étape est importante parce qu'elle vous prouve que c'est possible, que c'est à votre portée.

Une question essentielle se pose maintenant : à quelle vitesse voulez-vous avancer dans les quatre (4) outils IA (ChatGPT, Claude, Gemini et Perplexity) et les 28 exercices qui suivent ?

Il n'y a pas de bonne ou de mauvaise réponse. Certaines personnes aiment prendre leur temps, savourer chaque étape, bien comprendre avant de passer à la suite. D'autres préfèrent avancer plus rapidement, tester plusieurs choses d'un coup. Les deux approches fonctionnent parfaitement.

Ce qui compte, c'est de choisir le rythme qui vous convient, celui qui respecte votre énergie, votre disponibilité et votre façon d'apprendre. Vous êtes le seul juge. Personne ne vous chronomètre, personne ne vous évalue. Ce livre est votre compagnon, pas votre professeur.

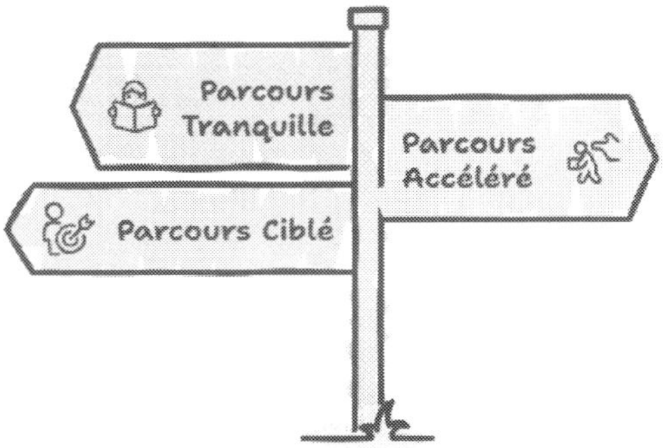

Trois parcours possibles pour les chapitres pratiques

Voici trois parcours que je vous propose **pour aborder les 28 exercices des chapitres 4 à 7**. Lisez-les tranquillement et choisissez celui qui vous ressemble le plus. Et rappelez-vous : vous pourrez toujours changer d'idée en cours de route !

1. Parcours tranquille (Recommandé pour débuter)

Un outil par semaine (5 exercices chacun)
Rythme suggéré : 1 exercice par jour (10-15 minutes)
Durée totale : 7 semaines pour compléter tout le livre

- Semaine 1 : Chapitre 4 - ChatGPT (5 exercices)
- Semaine 2 : Chapitre 4 - Claude (5 exercices)
- Semaine 3 : Chapitre 4 - Gemini (5 exercices)
- Semaine 4 : Chapitre 4 - Perplexity (5 exercices)
- Semaine 5 : Maîtriser les prompts (Chapitre 5 - 3 exercices)
- Semaine 6 : Éthique et sécurité (Chapitre 6 - lecture essentielle)
- Semaine 7 : Exercices avancés (Chapitre 7 - 5 exercices)

Idéal si : Vous découvrez la technologie, préférez bien comprendre chaque outil avant de passer au suivant, ou aimez prendre votre temps.

2. Parcours accéléré

Rythme suggéré : Plusieurs exercices par session
Durée totale : 3 semaines pour finir le livre

- Semaine 1 : Chapitre 4 complet - Les 4 outils (20 exercices) ChatGPT (5) + Claude (5) + Gemini (5) + Perplexity (5)
- Semaine 2 : Chapitre 5 - Prompts (3 exercices) + Chapitre 6 - Éthique et sécurité (lecture)
- Semaine 3 : Chapitre 7 - Exercices avancés optionnels (5 exercices)

Idéal si : Vous avez déjà un peu d'expérience avec la technologie, apprenez vite, ou voulez rapidement tester tous les outils.

4. **Parcours ciblé** (À la carte)

Rythme : Totalement libre
Durée totale : De quelques jours à quelques mois, selon vos priorités

- **Choisissez vos outils préférés** parmi les 4 du Chapitre 4 :
  - **Intéressé par la conversation ?**
    Chapitre 4 → ChatGPT (5 exercices)
  - **Besoin d'analyser des documents ?**
    Chapitre 4 → Claude (5 exercices)
  - **Voulez utiliser photos et voix ?**
    Chapitre 4 → Gemini (5 exercices)

    - **Priorité à vérifier l'information ?**
      Chapitre 4 → Perplexity (5 exercices)
- **Lisez absolument** : Chapitre 6 - Éthique et sécurité (essentiel)
- **Ajoutez selon vos besoins** :
    - Chapitre 5 → « Prompts » - 3 exercices)
      pour améliorer vos questions
    - Chapitre 7 → Exercices avancés - 5 exercices
      Optionnel - Quand vous vous sentez prêt

Idéal si : Vous avez un besoin précis, manquez de temps, ou préférez explorer à votre façon.

Quel parcours choisir ?

Il n'y a pas de mauvais choix. Écoutez-vous.

La théorie (chapitres 1 et 2) était pour tout le monde. Mais la pratique (chapitres 4 à 7), elle, s'adapte à **vous**. Que vous preniez 3 semaines ou 3 mois n'a aucune importance. Ce qui compte, c'est d'arriver au bout avec confiance.

Vous pouvez même changer en cours de route ! Commencez tranquille et accélérez si ça vous plaît. Ou ralentissez si vous en ressentez le besoin.

6. Votre carnet de progression (optionnel)

Si vous aimez suivre vos progrès, utilisez cette liste de vérification.

VOTRE CARNET DE PROGRESSION
(Optionnel)

☑ **COCHEZ SELON VOTRE PROGRESSION**

- ☐ CHAPITRE 1 - COMPRENDRE L'IA
- ☐ CHAPITRE 2 - HISTOIRE DE L'IA
- ☐ CHAPITRE 3 - PREMIERS PAS
- ☐ CHAPITRE 4 - CHATGPT
- ☐ CHAPITRE 4 - CLAUDE
- ☐ CHAPITRE 4 - GEMINI
- ☐ CHAPITRE 4 - PERPLEXITY
- ☐ CHAPITRE 5 - MAÎTRISER LES PROMPTS
- ☐ CHAPITRE 6 - SÉCURITÉ ET ÉTHIQUE
- ☐ CHAPITRE 7 - EXERCICES AVANCÉS (OPT)

Téléchargement gratuit des ressources de ce livre et bien plus encore ! + Chapitre 8 GRATUIT
https://guideiaofficiel.ca/ressources-guide-aines-qc

7. Questions fréquentes avant de commencer

Est-ce que je dois TOUT faire dans ce livre ?

Non. Faites ce qui vous intéresse. Vous pouvez :

- Essayer seulement ChatGPT (le plus populaire)
- Sauter les exercices avancés du Chapitre 7
- Revenir plus tard aux parties que vous sautez

Le livre est le vôtre. Il ne disparaît pas après une première lecture.

Et si je me trompe pendant un exercice ?

Ce n'est pas grave ! L'IA ne se brise pas. Vous ne pouvez rien casser.

Si vous faites une erreur :

- Recommencez simplement
- Essayez différemment
- Relisez l'instruction

Il n'y a aucun risque de « tout gâcher ».

Dois-je prendre des notes ?

Pas obligé. Mais certains aiment :

- Écrire leurs questions préférées
- Noter les astuces utiles
- Garder un cahier « IA » avec leurs découvertes

Faites comme vous préférez.

Puis-je faire les exercices avec quelqu'un ?

Absolument ! C'est même encouragé. Beaucoup de gens apprennent mieux :

- Avec leur conjoint(e)
- Avec un ami ou voisin
- En petit groupe (ex. : club social, FADOQ)

Lisez même les instructions à voix haute et essayez ensemble.

Combien de temps avant de devenir bon ?

La plupart des gens se sentent à l'aise après :

- **1 semaine :** Vous posez des questions simples avec confiance
- **2 semaines :** Vous utilisez l'IA pour des tâches du quotidien
- **1 mois :** Vous maîtrisez les 4 outils et savez lequel choisir

Mais chacun avance à son rythme. Respectez le vôtre.

L'IA va-t-elle remplacer les personnes dans ma vie ?

Non. Jamais. L'IA est un outil, comme une calculatrice ou un dictionnaire. Elle ne remplace pas :

- Vos conversations avec vos petits-enfants
- Les appels à votre médecin
- Le temps passé avec vos amis
- Votre jugement et votre expérience

Elle vous aide, elle ne vous remplace pas.

Est-ce que l'IA va fouiller dans mon ordinateur et mes données ?

Lorsque vous utilisez ChatGPT, Claude ou Gemini, ces outils ne peuvent pas « voir » ce qu'il y a dans votre ordinateur. Ils n'ont accès à aucun de vos fichiers, photos ou mots de passe stockés sur votre disque dur. Ils ne connaissent que ce que vous choisissez volontairement de leur écrire ou de leur envoyer.

De plus, dès que vous fermez la page Internet ou l'application, le lien est coupé. L'IA ne reste pas cachée en arrière-plan : elle ne vous suit pas, ne vous surveille pas et ne sait pas ce que vous faites sur les autres sites Web. C'est comme raccrocher le téléphone : la communication est terminée.

8. Votre état d'esprit : La clé du succès

Avant de passer aux exercices pratiques, parlons de quelque chose d'important : **votre attitude.**

Les Pensées qui Aident

✅ **« Je vais essayer et voir ce qui se passe »** – C'est parfait ! La curiosité est votre meilleure alliée.

✅ **« Si ça ne marche pas du premier coup, je réessaie »** – Exactement ! Persévérance et résilience.

✅ **« Je peux apprendre ça à mon rythme »** – Absolument ! Vous contrôlez votre apprentissage.

✅ **« D'autres personnes de mon âge l'ont fait, je peux le faire aussi »** – C'est vrai ! Des milliers de Québécois (de TOUS les âges) utilisent l'IA avec succès.

Les Pensées à Transformer

❌ **« Je suis trop vieux pour apprendre ça »**

✅ **Transformez en :** « L'âge apporte l'expérience. Je peux apprendre à tout âge. »

❌ **« C'est trop compliqué pour moi »**

✅ Transformez en : « Ça semble compliqué maintenant, mais je vais y aller étape par étape. »

❌ **« Je ne suis pas bon avec la technologie »**

✅ Transformez en : « Je n'ai peut-être pas beaucoup d'expérience, mais je peux apprendre. »

❌ **« Et si je fais une erreur ? »**

✅ **Transformez en :** « Les erreurs m'aident à apprendre. Je ne peux rien casser. »

La Règle des 10 Minutes

Voici un secret que les bons apprenants connaissent :

Si vous bloquez sur quelque chose pendant plus de 10 minutes :

Votre cerveau travaille même quand vous faites une pause.

9. Récapitulatif : Êtes-vous prêt ?

Faisons le point ensemble. Vous avez maintenant :

- ✅ Vérifié que vous avez le matériel nécessaire
- ✅ Compris comment le livre est organisé
- ✅ Appris les gestes de base (ouvrir, taper, envoyer et copier-coller)
- ✅ Fait votre premier essai avec l'IA
- ✅ Choisi votre rythme d'apprentissage
- ✅ Adopté le bon état d'esprit

Vous êtes prêt !

10. Prochaine étape : Les outils en action

Dans le prochain chapitre (Chapitre 4), vous allez :

1. **Créer vos comptes gratuits** sur ChatGPT, Claude, Gemini et Perplexity
2. **Faire vos premiers vrais exercices** - pas seulement une question test, mais des tâches utiles
3. **Découvrir lequel vous préférez** - chaque outil a ses forces

Temps estimé pour le Chapitre 4 : 1-2 heures

Vous n'êtes pas obligé de tout faire d'un coup. Rappelez-vous du parcours choisi :

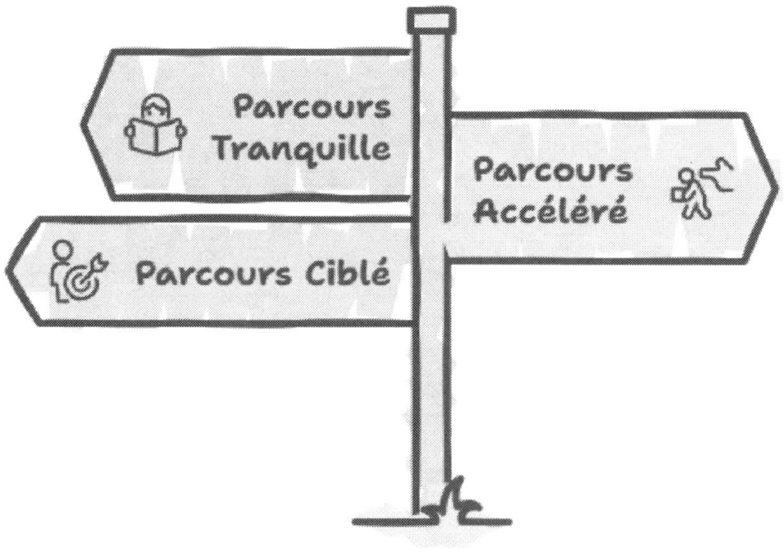

11. Un dernier mot avant de commencer

Vous vous apprêtez à découvrir quelque chose d'extraordinaire.

L'intelligence artificielle n'est pas réservée aux jeunes. Elle n'est pas réservée aux experts. Elle est pour vous.

Des milliers d'aînés québécois utilisent déjà l'IA pour :

- Écrire des courriels à leurs petits-enfants
- Comprendre leurs factures
- Planifier leurs voyages
- Apprendre de nouvelles choses
- Rester connectés au monde

Vous êtes sur le point de les rejoindre.

Rappelez-vous :

- Allez à votre rythme
- Soyez patient avec vous-même
- Amusez-vous !
- N'ayez pas peur d'essayer

Vous n'êtes pas seul dans cette aventure. Ce livre vous accompagne à chaque étape.

Prêt ? Tournons la Page !

12. Avez-vous bien compris ?

Avant de continuer, vérifiez que vous pouvez répondre à ces questions :

1. **Savez-vous comment ouvrir votre navigateur web ?**

   ☐ Oui, je peux le faire

   ☐ Non, je relis la section 2

2. **Avez-vous fait le premier exercice (question à ChatGPT) ?**

   ☐ Oui, j'ai essayé et ça a marché

   ☐ Non, je vais le faire maintenant

3. **Avez-vous choisi votre rythme d'apprentissage ?** (voir section 4)

   ☐ Oui, mon parcours sera : ____________________

   ☐ Non, je vais décider maintenant

4. **Vous sentez-vous prêt à essayer les exercices du Chapitre 4 ?**

   ☐ Oui, j'ai hâte de continuer !

   ☐ Non, je vais relire ce chapitre

Si vous avez au moins 3 « OUI » : Vous êtes prêt pour le Chapitre 4 !
Si vous avez moins de 3 « OUI » : Prenez le temps de relire les sections où vous hésitez. Ce n'est pas une course.

CHAPITRE 4
Comparaison des outils IA

1. Votre guide pratique complet

Vous voici à une étape importante. Vous savez maintenant ce qu'est l'IA. Vous connaissez son histoire. Vous êtes prêt. Place à la pratique ! Découvrons ensemble les meilleurs outils IA de 2026.

Vous allez découvrir quatre outils gratuits, en français, faciles à utiliser. Vous pouvez les tester immédiatement. Sans payer. **Sans donner votre numéro de carte de crédit.**

Figure 13 - Comparaison entre les 4 outils IA présentés dans ce Guide

OUTIL	SPÉCIALITÉ	MEILLEUR POUR
ChatGPT	Le généraliste ami	Courriels, idées, recettes, divertissement
Claude	L'analyste précis	Résumés, documents longs, sérieux
Gemini	Le visuel intégré à Google	Photo, image, reconnaissance
Perplexity	Le chercheur fiable	Informations actuelles, citations vérifiées

Les Cerveaux Magiques derrière les Outils

Chaque assistant IA que nous allons découvrir possède un « cerveau » invisible appelé **modèle**. Imaginez une immense bibliothèque magique dans le nuage, entraînée sur des millions de livres, conversations et articles pour vous répondre parfaitement. Pas de magie noire, juste beaucoup de lecture !

- **ChatGPT** utilise GPT-4o (gratuit), comme un neveu créatif qui invente des recettes et histoires
- **Claude** utilise Sonnet 3.5, comme un comptable précis qui analyse vos factures et contrats
- **Gemini** utilise Gemini 2.0, comme un guide visuel qui comprend les photos de famille
- **Perplexity** utilise Sonar, comme un bibliothécaire qui cite toujours ses sources fiables

Bonne nouvelle : vous n'avez aucun réglage à faire. Ces cerveaux travaillent seuls et s'améliorent chaque mois de 2026.

Dans les pages qui suivent, nous testerons ensemble chacun d'eux.

2. La boussole pour choisir votre IA

Les critères d'évaluation de chaque outil expliqués

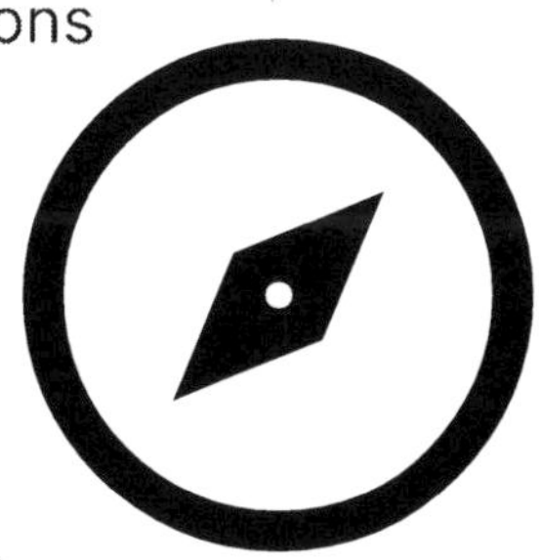

Avant d'explorer chaque outil en détail, établissons ensemble des critères objectifs et simples. Ces repères, adaptés à votre quotidien, vous permettront de choisir l'outil parfait pour vos besoins sans confusion. Chaque critère est noté sur 10 avec une légende claire pour une compréhension immédiate.

Notes d'évaluation

CRITÈRES	SIGNIFICATION
10/10	Parfait — fonctionne immédiatement sans apprentissage
9/10	Excellent — très minimes limitations
8/10	Très bon — compromis acceptables
7/10	Bon — demande un peu d'adaptation
6/10 et -	Moyen — à éviter pour débutants

Critères évalués :

☑ **Gratuit** — Combien de questions gratuites par jour ?

☑ **Simplicité** — Aussi simple que Google ?

☑ **Utilité** — Utile au quotidien ?

☑ **Français** — Français canadien, fluide et naturel ?

☑ **Sécurité** — Garde-t-il vos informations personnelles ?

3. ChatGPT - L'outil polyvalent universel

Découvrir ChatGPT

Parmi tous les outils d'intelligence artificielle que nous verrons dans ce livre, **ChatGPT** est le plus répandu. Lancé en 2022, il compte déjà des centaines de millions d'utilisatrices et d'utilisateurs dans le monde, dont une forte proportion de Canadiens. C'est aujourd'hui l'assistant numérique grand public le plus populaire, surtout parce qu'il est très simple d'accès et qu'il se manie comme une conversation ordinaire.

Dans cette section, vous allez découvrir comment ChatGPT peut vous aider dans plusieurs situations de la vie de tous les jours :

- Rédiger des courriels
- Trouver des idées de recettes
- Organiser vos loisirs
- Mieux comprendre certains sujets de santé
- Planifier un voyage

Chaque usage sera présenté avec un exemple concret et une phrase toute prête que vous pourrez simplement copier dans la **zone d'interaction** pour l'essayer vous-même.

Évaluation de l'outil ChatGPT

ChatGPT domine avec 9,4/10 grâce à sa simplicité parfaite :

Tableau Synthèse d'utilisation et d'évaluation

ChatGPT

CRITÈRES	NOTES	EXPLICATIONS
Gratuité	10/10	Utilisation gratuite pour un usage normal, sans carte de crédit.
Simplicité	9/10	Fonctionne comme une grande boîte où vous écrivez vos questions.
Utilité au quotidien	9/10	Idéal pour courriels, recettes, idées d'activités ou de séries.
Français	9/10	Comprend bien le français du Québec et vos expressions locales.
Sécurité	9/10	Très sûr si vous évitez de donner des renseignements personnels.

Note globale : 9,4/10 - un outil polyvalent et facile pour commencer avec l'IA.

Où trouver ChatGPT

Vous pouvez utiliser ChatGPT de deux façons principales :

- **Directement dans votre navigateur**, à l'adresse chatgpt.com

ou

- **Avec l'application mobile officielle ChatGPT**, disponible sur téléphone intelligent et tablette (iPhone, iPad, appareils Android) ainsi que sur ordinateur.

Que vous utilisiez un ordinateur, une tablette ou un téléphone intelligent, l'interface de ChatGPT (et celle de ses concurrents) reste très similaire. Une fois que vous maîtrisez les bases sur un appareil, vous n'aurez aucun mal à passer d'une plateforme à l'autre.

💡 **Si vous êtes plus à l'aise avec l'ordinateur**, commencez simplement par le site web. Vous pourrez toujours installer l'application plus tard, quand vous vous sentirez prêt.

Votre compte et connexion à ChatGPT

Jusqu'à présent, nous avons utilisé ChatGPT sans créer de compte. Bien que pratique pour un test rapide, cette version « invité » est limitée. Pour aller plus loin gratuitement, je vous conseille de créer un compte.

Cela vous permettra surtout de **sauvegarder vos conversations** pour les relire ou les poursuivre plus tard. De plus, le compte gratuit vous donne accès à la **création d'images** (limitée à quelques images par jour), une fonction absente de la version invitée.

Créer un compte (en moins de 5 minutes)

Créons ensemble votre compte ChatGPT gratuit.

Rassurez-vous concernant votre vie privée. Si vous utilisez la version dans votre navigateur Web, rien ne s'installe sur votre ordinateur. Et même si vous installez l'application (sur tablette ou téléphone), la règle de sécurité reste la même : **l'application cesse totalement de fonctionner dès que vous la fermez**. Comme nous l'avons vu au chapitre 3, l'IA ne reste pas active pour vous surveiller une fois l'outil éteint.

Rappel : Vous avez déjà appris à ouvrir votre navigateur et taper une adresse au Chapitre 3. Relisez-le au besoin

Étapes spécifiques à ChatGPT :

1. **Allez** sur chatgpt.com
2. **Cliquez sur** « S'inscrire gratuitement »
3. **Choisissez votre méthode d'inscription** en cliquant sur l'une des options proposées à l'écran.

Rassurez-vous, toutes ces méthodes sont équivalentes : choisissez simplement celle qui correspond au compte que vous utilisez déjà au quotidien.

Figure 14 - Capture d'écran - ChatGPT - Écran de connexion

Les options de connexion à ChatGPT sont :

- **Continuer avec Google**

  Qu'est-ce que c'est ?
  Google est l'entreprise qui offre : Gmail, YouTube, Google Maps, Google Photos

  Si vous avez une adresse courriel comme : *prenom.nom***@gmail.com,** alors vous avez déjà un **compte Google**.

  Pourquoi choisir cette option ?
  Parce que vous n'avez pas besoin de créer un nouveau mot de passe. Vous utilisez simplement celui de votre Gmail.

- **Continuer avec Apple**

  Qu'est-ce que c'est ?
  Apple est l'entreprise qui fabrique : iPhone, iPad, Mac

  Si vous avez un adresse courriel qui se termine par @icloud.com OU un identifiant Apple utilisé pour télécharger des applications alors vous avez un **compte Apple**.

  Pourquoi choisir cette option ?
  Pratique si vous utilisez surtout un appareil Apple, parce que vous n'avez pas besoin de créer un nouveau mot de passe. Votre identifiant Apple sert à vous connecter.

- **Continuer avec Microsoft**

  Qu'est-ce que c'est ?

  Microsoft est l'entreprise derrière : Outlook, Hotmail, Windows, Word, Excel.

  Si votre adresse courriel se termine par :

  - @outlook.com
  - @hotmail.com
  - @live.ca

  Alors vous avez un **compte Microsoft**.

- **S'inscrire avec une adresse courriel en inscrivant l'adresse en question dans la barre blanche (adresse courriel) et démontrée au bas de la figure 13.**

  Quand choisir cette option ?

  Si votre adresse courriel est par exemple :

  - @videotron.ca
  - @yahoo.ca
  - @bell.net
  - @sympatico.ca

  Et qu'elle ne dépend pas de Google, Apple ou Microsoft.

  Avec cette option, il sera nécessaire de vous créer un mot de passe. Voir l'annexe A pour des conseils de sécurité à ce sujet.

Vous n'avez pas d'adresse courriel ? Pas de problème : consultez l'annexe A pour apprendre à en créer une gratuitement et facilement.

4. **Suivez simplement les instructions à l'écran**
5. **Complétez votre profil :**
   - Prénom et nom et Date de naissance

   Suggestion : Afin d'éviter les risques non essentiels avec vos informations personnelles, vous pouvez inscrire le 1er janvier de votre année de naissance afin que ChatGPT puisse confirmer votre majorité.
6. **Code de vérification :** Il est possible que ChatGPT vous demande votre numéro de téléphone pour fins de vérification. Dans un tel cas, ChatGPT vous transmettra un code de vérification via SMS (message texte). Vous devrez entrer celui-ci à l'écran.

✅ C'est terminé : votre compte ChatGPT est actif et 100 % gratuit.

Se connecter les fois suivantes

Une fois votre compte créé, la connexion est encore plus simple :

1. **Allez** sur chatgpt.com
2. **Cliquez** « Connexion »
3. **Choisissez** la même méthode qu'à l'inscription
4. **Entrez** votre mot de passe (si courriel)

Se repérer dans l'écran de ChatGPT

Dans cette section, nous découvrirons les interfaces de ChatGPT sur ordinateur et sur téléphone intelligent. Leur design simple et pur, ainsi que leurs menus clairs et cohérents, facilite la navigation. Les fonctions et les icônes étant identiques d'une plateforme à l'autre, il est facile de s'y retrouver.

Comme l'utilisation de ChatGPT nécessite une connexion à un compte, vos recherches sont automatiquement synchronisées entre les appareils. Vous pouvez ainsi commencer une recherche sur votre téléphone intelligent et la poursuivre sur votre ordinateur, au moment qui vous convient.

L'**interface** est la page que vous voyez à l'écran lorsque vous utilisez ChatGPT. C'est l'espace qui vous permet de communiquer avec l'IA : vous y écrivez vos questions et vous y lisez les réponses. Pensez-y comme au tableau de bord de votre voiture ; tous les boutons et affichages dont vous avez besoin pour utiliser l'outil.

Explication de l'interface (ordinateur)

L'interface Ordinateur de ChatGPT comprend 2 zones principales :

- **Zone Réglages** qui vous permet d'accéder à certaines options
- **Zone d'interaction (Questions et réponses)** qui vous permet d'interagir avec l'intelligence artificielle de ChatGPT. Au cœur de cette zone se retrouve la Barre de saisie (où il est écrit « Demandez ce que vous voulez »). C'est dans celle-ci que vous taperez vos questions et obtiendrez les réponses de ChatGPT.

Figure 15 - Capture d'écran de l'interface ordinateur de ChatGPT

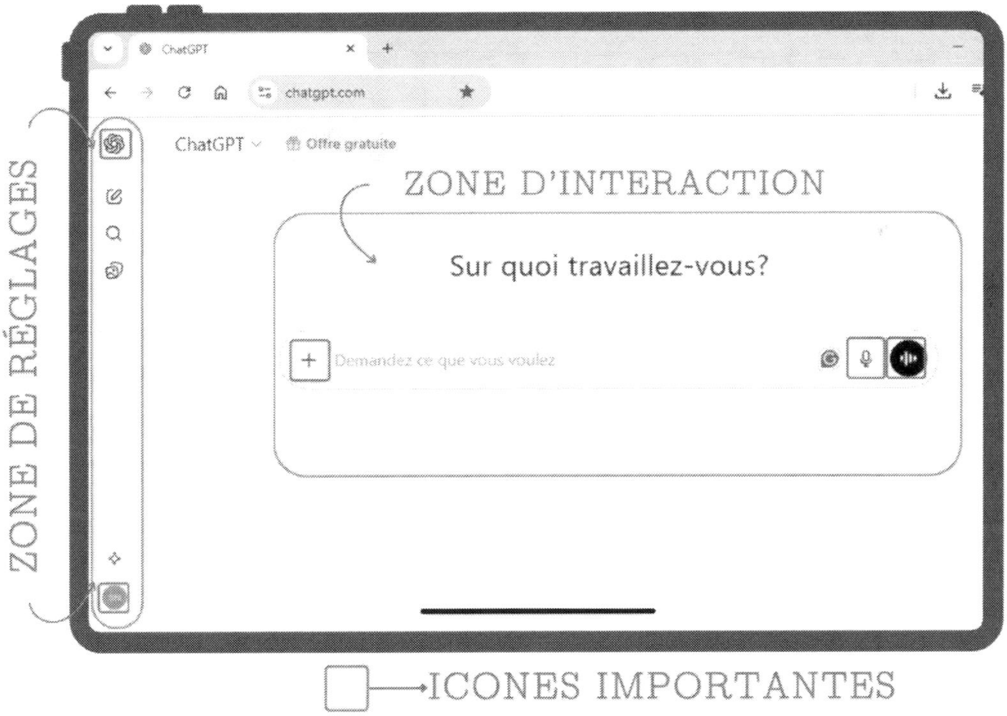

Explication de l'interface mobile pour téléphone intelligent

L'interface ChatGPT (mobile) comprend 3 zones principales :

- **La zone réglages** - pour accéder aux conversations, démarrer un nouveau chat et ouvrir les paramètres.
- **La zone question (Barre de saisie)** - où taper vos questions, envoyer des instructions et utiliser les options de saisie
- **La zone réponse -** où apparaissent vos messages et les réponses de ChatGPT.

Figure 16 - Capture d'écran de l'interface mobile de ChatGPT

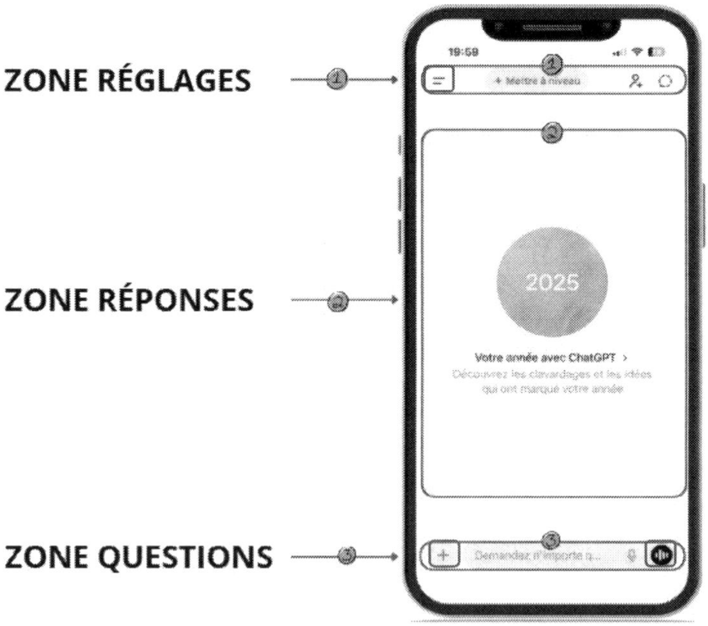

La version mobile est optimisée pour la mobilité : l'interface est plus compacte, certaines options sont accessibles via des menus, et on peut utiliser la dictée vocale ou les émojis facilement. Le cœur des fonctionnalités reste le même, mais le confort et la visibilité diffèrent selon l'appareil.

Introduction aux icônes

Sur l'écran de ChatGPT, vous verrez plusieurs petits dessins appelés **icônes** (loupe, engrenage, micro, etc.). Ces icônes sont surtout des raccourcis qui vous permettent de commencer une nouvelle conversation, ajouter un fichier, dicter votre message à voix haute ou ouvrir les réglages plus rapidement.

Pour des aînés débutants, seules quelques icônes sont vraiment indispensables : celles qui servent à commencer, écrire, envoyer un message et ajuster au minimum l'expérience.

Repérez les icônes marquées de carrés rouges directement dans les interfaces présentées dans les 2 pages précédentes.

📌 **Rappel :** ChatGPT est régulièrement mis à jour et les pages ou icônes peuvent changer sans préavis. Toutefois, les fonctionnalités demeurent toujours très similaires. Explorez la page principale et vous y trouverez facilement les éléments que je vous mentionne ici.

Icônes à considérer comme essentielles

ICÔNES	NOMS	DESCRIPTIONS	EMPLACEMENT
	Nouvelle conversation	Débuté une nouvelle conversation sur une nouvelle page	En haut à gauche de la zone de réglages
	Attachement	Permet de soumettre un fichier à ChatGPT.	Située à gauche de la barre de saisie sous l'icône : +
	Mode dictée	Lorsqu'activé, ChatGPT transcrit vos paroles dans la barre de saisie.	Située en bas à droite de la barre de saisie.
	Mode mains libres	Lorsqu'activé, ChatGPT opère en mode conversation audio.	Située en bas à droite de la barre de saisie.
	Paramètres et réglages (cercle avec VOS initiales)	Permet de changer la langue, le thème, vérifier l'abonnement et autres réglages.	Située tout en bas à gauche de la page (zone de réglages).
Aucune icône	Historique	Lieu d'entreposage de toutes vos conversations passées	Située dans la zone de réglage à la gauche de l'écran

FICHE TECHNIQUE
CHATGPT - L'OUTIL POLYVALENT UNIVERSEL

Outil : ChatGPT

Siteweb: https://chatgpt.com
Applications disponibles: Apple/Mac, Android, Windows

Qu'est-ce que ChatGPT?
ChatGPT est un assistant intelligent. Vous pouvez lui poser des questions comme à une personne. Il vous aide à comprendre, écrire et apprendre.

FONCTIONNALITÉS

À quoi ça sert?
- ☑ Écrire un courriel ou une lettre
- ☑ Trouver des idées
- ☑ Comprendre un sujet compliqué
- ☑ Résumé un texte
- ☑ Apprendre à votre rythme
- ☑ Générer des images

Forces:
- Écriture créative
- Création d'image
- Courriels chaleureux
- Recettes détaillées
- Idées originales
- Conversations naturelles
- Organisation du quotidien.

À savoir ⚠
- ChatGPT peut parfois se tromper
- Il ne remplace pas un professionnel
- Ne partagez pas d'informations personnelles sensibles
- ChatGPT n'est pas une personne, privilégiez la chaleur humaine

En résumé
ChatGPT est un outil simple et utile pour débuter en intelligence artificielle. Il vous aide à votre rythme.

Créer un compte (une seule fois)
- Ouvrez Chatgpt.com ou l'application ChatGPT
- Cliquez sur Créer un compte
- Utilisez Google, Apple Microsoft ou entrez votre adresse courriel
- Confirmez votre adresse courriel et autres info.

Se connecter
- Ouvrez Chatgpt.com ou l'application ChatGPT
- Cliquez sur Connextion
- Utilisez votre méthode de connexion
- Entrez votre mot de passe si requis
- Cliquez sur connecter

COMMENT UTILISER

Posez une question → Appuyez sur «entrée» (clavier) → lisez la réponse → Demandez des clarifications

Comment poser une question?
Communiquez simplement, comme à une personne. Il n'y a pas de mauvaise question.

Structure des questions (prompts)
Rôle - Qui êtes vous? / Quel est le rôle de l'IA?
Tâche - Quel est le travail?
Format - Quel est le format de la réponse?
Ton adapté - Quel ton doit être utilisé?

LA VERSION DE BASE EST ENTIÈREMENT GRATUITE
AUCUNE CARTE DE CRÉDIT REQUISE

Exercices pratiques avec ChatGPT

* Au Chapitre 3, vous avez effectué votre premier test avec ChatGPT en demandant l'heure à Montréal, une simple vérification que tout fonctionnait correctement.

Maintenant que vous maîtrisez les bases de la connexion et de l'envoi de messages, découvrez la véritable puissance de l'intelligence artificielle à travers des **exercices pratiques et concrets**.

ChatGPT devient votre assistant quotidien pour écrire des courriels, préparer des recettes, organiser vos activités, comprendre des documents ou planifier un projet.

Chaque exercice vous propose une phrase prête à copier dans la zone de dialogue, testez à votre rythme, étape par étape, et voyez par vous-même comment l'IA simplifie votre vie de tous les jours.

Prêt ? C'est parti !

Exercice 1 : Résumer un article de journal québécois

ChatGPT peut lire et résumer des articles longs en quelques phrases simples. C'est parfait pour comprendre rapidement l'actualité sans lire des pages entières.

Ce que ChatGPT fait pour vous

- Lit l'article que vous lui donnez
- En extrait les informations les plus importantes
- Vous explique le sujet en mots simples
- Répond à vos questions sur l'article

Pourquoi cet exercice est-il utile ?

Vous apprendrez à utiliser ChatGPT pour comprendre l'actualité, les lettres du gouvernement, ou tout texte qui vous semble compliqué.

Situation d'exercice

Vous avez vu un article sur le site de Radio-Canada ou La Presse, mais il est long et vous voulez juste comprendre l'essentiel rapidement.

Phrase à copier dans la barre de saisie ChatGPT

« Résume-moi cet article en 3-4 phrases simples, comme si tu expliquais à quelqu'un qui n'a pas lu l'article :

[Collez ici le lien de l'article ou copiez-collez le texte de l'article] »

Étapes détaillées :

ÉTAPE 1 : Trouvez un article

Allez sur un site de nouvelles québécoises (ex. : Radio-Canada, La Presse, Le Devoir, TVA Nouvelles, ou autre. Choisissez un article qui vous intéresse (politique, santé, météo, etc.)

Pour les fins de l'exercice prenons l'article : « L'intelligence artificielle au service des aînés en perte cognitive » de Marie-Christine Gaudreau publié sur L'Hebdo Rive-nord le 9 décembre 2025 et disponible en ligne : https://guideiaofficiel.ca/GuideIA-hebdorivenord »

ÉTAPE 2 : Copiez le lien ou le contenu de l'article

Pour copier le lien ou le contenu de l'article choisi, consultez la Section 2 du Chapitre 3 qui vous montre comment le faire étape par étape.

ÉTAPE 3 : Allez sur ChatGPT

Vous savez déjà comment faire (Chapitre 3) : Ouvrez chatgpt.com dans votre navigateur

ÉTAPE 4 : Écrivez votre demande

Dans la barre de saisie, tapez :

« Résume-moi cet article en 3-4 phrases simples, comme si tu expliquais à quelqu'un qui n'a pas lu l'article : »

ÉTAPE 5 : Collez le lien ou le texte

Après votre phrase, coller le lien de l'article.

Pour coller le lien de votre article, consultez la Section 2 du Chapitre 3 qui vous montre comment le faire étape par étape.

Ainsi, votre message à ChatGPT devrait ressembler à ceci :

« Résume-moi cet article en 3-4 phrases simples, comme si tu expliquais à quelqu'un qui n'a pas lu l'article : https://guideiaofficiel.ca/GuideIA-hebdorivenord/ »

Ou

« Résume-moi cet article en 3-4 phrases simples, comme si tu expliquais à quelqu'un qui n'a pas lu l'article : [Le texte complet de l'article collé ici] »

ÉTAPE 6 : Envoyez

Appuyez sur **Entrée** ou cliquez sur le bouton flèche↑.

Résultat attendu pour l'exercice 1

ChatGPT vous donnera :

✅ Un résumé en 3-4 phrases faciles à comprendre

✅ Les points principaux de l'article

✅ Une explication claire du sujet

Exemple de résumé que vous pourriez recevoir :

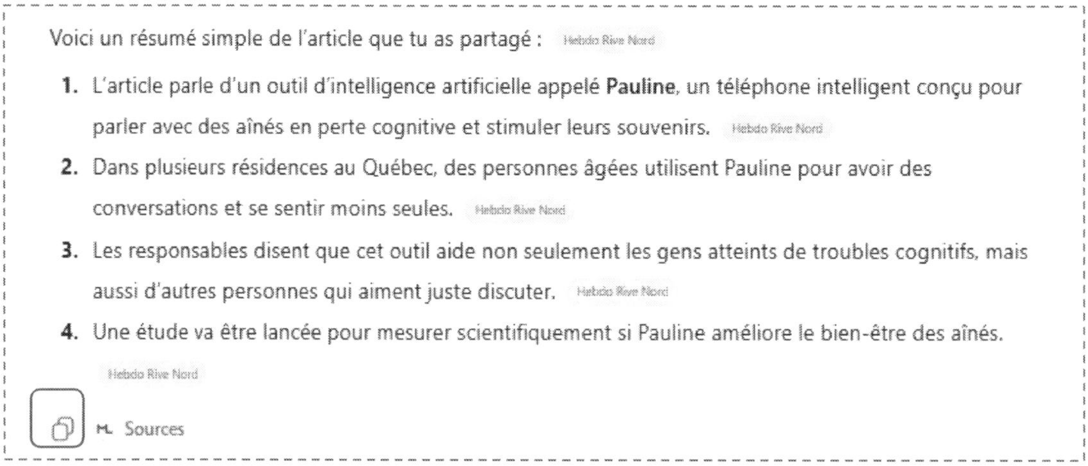

Voici un résumé simple de l'article que tu as partagé : Hebdo Rive Nord

1. L'article parle d'un outil d'intelligence artificielle appelé **Pauline**, un téléphone intelligent conçu pour parler avec des aînés en perte cognitive et stimuler leurs souvenirs. Hebdo Rive Nord
2. Dans plusieurs résidences au Québec, des personnes âgées utilisent Pauline pour avoir des conversations et se sentir moins seules. Hebdo Rive Nord
3. Les responsables disent que cet outil aide non seulement les gens atteints de troubles cognitifs, mais aussi d'autres personnes qui aiment juste discuter. Hebdo Rive Nord
4. Une étude va être lancée pour mesurer scientifiquement si Pauline améliore le bien-être des aînés. Hebdo Rive Nord

Sources

💡 **Astuce :** Pour récupérer une réponse de ChatGPT (ou d'une autre IA), pas besoin de tout sélectionner à la souris ! Vous pouvez copier le texte instantanément pour le coller ailleurs (dans un courriel, un document Word, etc.). Pour cela, cliquez simplement sur **la petite icône représentant un « presse-papiers »** située en bas de la réponse et ressemblant à ceci : 

Il ne vous restera plus qu'à coller le texte à l'endroit voulu (avec **Ctrl + V,** voir chapitre 3).

Pour aller plus loin (optionnel)

Une fois que vous avez obtenu votre résumé, ne partez pas tout de suite !

Vous pouvez poser des questions supplémentaires directement à la suite. C'est ici que réside la grande force de l'IA par rapport à un moteur de recherche classique comme Google : **elle se souvient de ce qu'on vient de se dire.**

1. **Rester dans la MÊME conversation (le principe du « Fil »)**

Imaginez que vous discutez avec un ami à table. Si vous lui parlez d'un livre, et que juste après vous demandez *« Est-ce qu'il est cher ? »*, votre ami comprend immédiatement que *« il »* désigne le livre.

Avec les IA de type Chabot comme ChatGPT, Claude, Gemini et Perplexity, c'est la même chose. Tant que vous restez dans la même fenêtre de discussion, l'IA garde le contexte en mémoire.

C'est utile pour : creuser un sujet, demander des précisions, faire traduire ou simplifier la réponse précédente.

2. **Démarrer une NOUVELLE conversation (le bouton situé tout en haut de la zone de réglages)**

À l'inverse, cliquer sur le bouton « **Nouvelle discussion »** équivaut à changer d'ami ou à effacer le tableau noir. L'IA oublie tout ce qui vient d'être dit et repart à zéro.

C'est utile pour : changer totalement de sujet (passer du jardinage à une recette de cuisine) pour éviter que l'IA ne se mélange les idées et concepts

Exemples de questions de suivi dans le cadre de l'Exercice 1 :

- Est-ce que cette mesure s'applique à moi si j'ai 63 ans ?
- Comment fais-je pour m'inscrire exactement ?
- C'est combien d'économies par mois environ ?
- Explique-moi la partie sur [un point spécifique] plus simplement.

ChatGPT répondra en tenant compte de l'article qu'il vient de résumer.

⚠️ Vérifiez toujours les informations importantes

ChatGPT résume bien, mais pour des décisions importantes (santé, argent, lois), vérifiez toujours :

✅ Sur le site officiel du gouvernement (. gc.ca ou .gouv.qc.ca)
✅ En appelant directement l'organisme concerné
✅ En consultant un professionnel

Compétences acquises dans cet exercice

Après cet exercice, vous saurez :

✅ Copier un lien d'article

✅ Demander un résumé clair à ChatGPT

✅ Comprendre l'actualité plus rapidement

✅ Poser des questions de suivi

✅ Gagner du temps sur votre lecture quotidienne

FÉLICITATIONS ! Vous venez de découvrir une des utilisations les plus pratiques de ChatGPT : comprendre rapidement des textes compliqués ou longs.

Réflexion après l'exercice

Pensez à d'autres textes que vous pourriez résumer avec ChatGPT :

- Lettres du gouvernement (impôts, retraite, assurance)
- Articles scientifiques ou médicaux
- Conditions d'utilisation de services
- Manuels d'instructions compliquées
- Rapports ou documents professionnels

ChatGPT devient votre assistant de lecture personnel.

Exercice 2 : Écrire un courriel de remerciement

ChatGPT vous aide à formuler des messages clairs et chaleureux, même si l'écriture vous intimide. Il trouve les bons mots à votre place.

Ce que ChatGPT fait pour vous

- Rédige des courriels polis et bien formulés
- Adapte le ton selon la situation (formel, amical, professionnel)
- Trouve les mots justes quand vous ne savez pas comment l'exprimer
- Vous fait gagner du temps et évite le stress de l'écriture

Pourquoi cet exercice est utile ?

Vous apprendrez à utiliser ChatGPT pour écrire vos courriels, lettres de remerciement, messages à la famille, ou toute correspondance qui vous semble difficile.

Situation d'exercice

Vous voulez remercier une infirmière du CLSC pour ses bons soins pendant vos traitements, mais vous ne savez pas comment formuler votre message.

Phrase à copier dans la barre de saisie ChatGPT

« Écris un courriel de remerciement simple et chaleureux pour une infirmière du CLSC qui m'a bien accompagné pendant mes traitements. Utilise un ton poli et accessible. »

Étapes détaillées :

📌 **Rappel :** Vous savez déjà comment aller sur ChatGPT et copier-coller des liens et des textes. Si besoin, relisez la section « Gestes de base » du Chapitre 3 avant de continuer.

ÉTAPE 1 : Allez sur ChatGPT (Voir rappel ci-haut)

ÉTAPE 2 : Copiez ou tapez la phrase ci-dessus (Voir rappel ci-haut)

ÉTAPE 3 : Collez dans ChatGPT (Voir rappel ci-haut)

ÉTAPE 4 : Envoyez (Voir rappel ci-haut)

ÉTAPE 5 : Lisez le courriel proposé

ChatGPT va générer un courriel complet en quelques secondes.

ÉTAPE 6 : Personnalisez si nécessaire

Si vous voulez changer quelque chose, posez une question de suivi :

« Peux-tu rendre le message un peu plus court ? » ou « Ajoute une phrase sur la gentillesse de l'infirmière. »

ÉTAPE 7 : Copiez le résultat final (Voir rappel ci-haut)

Maintenant que le message est prêt, vous devez le copier de ChatGPT et le coller dans votre plateforme de messagerie (Gmail, Outlook, Message, autre).

Résultat attendu pour l'exercice 2

ChatGPT vous proposera un courriel de 3-4 phrases respectueuses, par exemple :

Figure 17 – ChatGPT – Capture d'écran – Résultat exercice 2

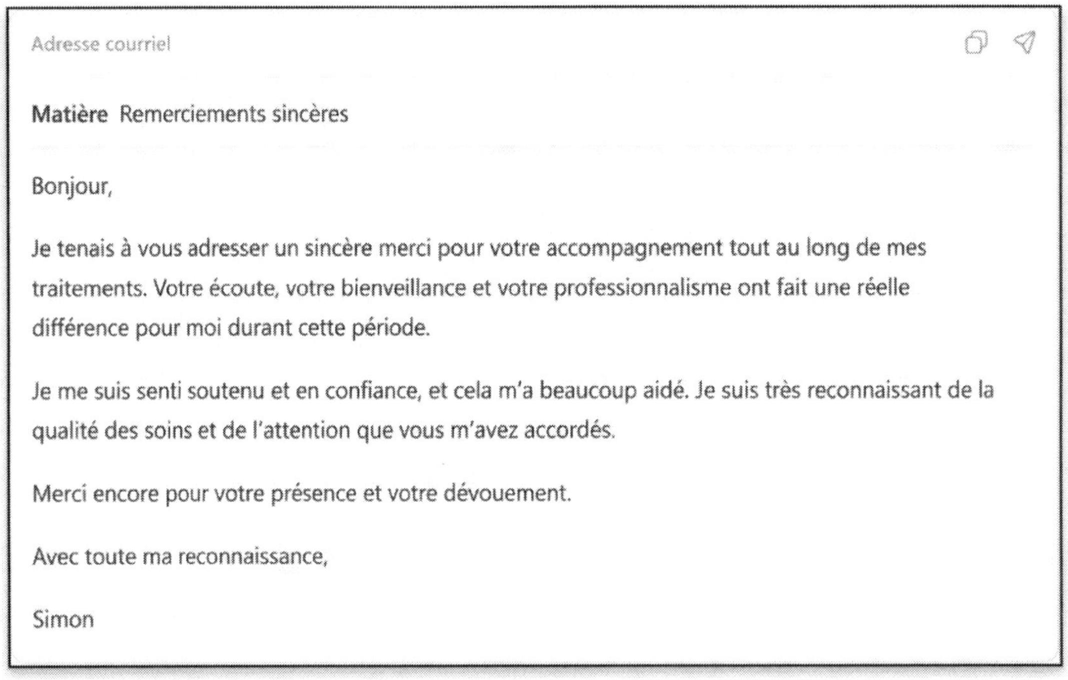
Adresse courriel

Matière Remerciements sincères

Bonjour,

Je tenais à vous adresser un sincère merci pour votre accompagnement tout au long de mes traitements. Votre écoute, votre bienveillance et votre professionnalisme ont fait une réelle différence pour moi durant cette période.

Je me suis senti soutenu et en confiance, et cela m'a beaucoup aidé. Je suis très reconnaissant de la qualité des soins et de l'attention que vous m'avez accordés.

Merci encore pour votre présence et votre dévouement.

Avec toute ma reconnaissance,

Simon

Pour aller plus loin (optionnel)

Vous pouvez utiliser ChatGPT pour écrire plein d'autres messages :

Exemples de demandes :

- « Écris une carte d'anniversaire pour ma petite-fille de 10 ans. »
- « Rédige un courriel pour demander un rendez-vous chez le dentiste. »
- « Aide-moi à écrire un courriel à ma famille pour les inviter à souper. »
- « Écris une lettre pour contester une facture Hydro-Québec trop élevée. »

ChatGPT protège votre sécurité

Vous n'avez pas à vous inquiéter, mais sachez que ChatGPT a été programmé pour refuser certaines demandes dangereuses ou illégales.

Il ne fera JAMAIS :

- Écrire des messages haineux, insultants ou discriminatoires contre qui que ce soit
- Donner des conseils illégaux ou dangereux (armes, explosifs, poisons)
- Créer de faux documents officiels (ordonnances médicales, reçus, lettres gouvernementales)
- Vous aider à tromper ou arnaquer quelqu'un

💡 **Rassurez-vous :** Pour toutes les utilisations normales de ce livre vous n'aurez jamais de refus. Si ChatGPT refuse une demande légitime, c'est probablement un malentendu. Reformulez simplement votre question de manière plus claire, et ça fonctionnera.

Compétences acquises dans cet exercice

Après cet exercice, vous saurez :

✅ Demander à ChatGPT d'écrire pour vous

✅ Copier et coller du texte

✅ Personnaliser les réponses avec des questions de suivi

✅ Utiliser l'IA pour toute votre correspondance

✅ Ne plus avoir peur de la « page blanche »

FÉLICITATIONS ! Vous venez de découvrir comment ChatGPT peut être votre assistant d'écriture personnel.

Exercice 3 : Trouver des idées de recettes avec ce que vous avez

ChatGPT peut vous proposer des recettes simples à partir de ce que vous avez déjà dans le frigo. Fini le gaspillage et le casse-tête du « qu'est-ce qu'on mange ce soir ? »

Ce que ChatGPT fait pour vous

- Suggère des recettes avec vos ingrédients disponibles
- Adapte selon vos contraintes (rapide, facile, peu de vaisselle)
- Adapte selon vos exigences alimentaires (végétarien, sans-gluten, faible en gras, etc.)
- Donne les étapes détaillées avec temps de cuisson
- Peut même créer un menu de la semaine avec liste d'épicerie

Pourquoi cet exercice est utile ?

Vous apprendrez à utiliser ChatGPT comme assistant culinaire pour économiser temps et argent, éviter le gaspillage, et redécouvrir le plaisir de cuisiner.

Situation d'exercice

Vous avez du poulet, des pommes de terre et des carottes dans le frigo. Vous cherchez un souper facile pour deux personnes, sans passer des heures en cuisine.

Phrase à copier dans la barre de saisie ChatGPT

« Propose-moi trois idées de repas simples pour deux personnes avec du poulet, des pommes de terre et des carottes. Donne la recette étape par étape, avec un temps de cuisson raisonnable. »

Étapes détaillées :

📌 Rappel : Vous connaissez maintenant les gestes de base (Chapitre 3).

ÉTAPE 1 : Ouvrez ChatGPT et Copiez et collez (ou tapez) la phrase mentionnée ci-haut en adaptant avec VOS ingrédients disponibles.

💡 **Astuce :** Vous pouvez modifier la phrase selon ce que vous avez vraiment : « J'ai du bœuf haché, des pâtes et des tomates. Qu'est-ce que je peux faire ? » ou « Propose des recettes avec du saumon, du riz et des légumes. »

ÉTAPE 2 : Envoyez

ÉTAPE 3 : Lisez les suggestions

ChatGPT vous proposera plusieurs recettes avec :

- Liste des ingrédients nécessaires
- Étapes numérotées claires
- Temps de préparation et cuisson

ÉTAPE 5 : Posez des questions supplémentaires/demandes de modifications si besoin

Vous pouvez demander des précisions :

- « Comment je fais pour que le poulet soit bien tendre ? »
- « Peux-tu me donner une version plus rapide de la première recette ? »
- « Est-ce que je peux remplacer les carottes par des courgettes ? »
- « Comment puis-je adapter la recette pour mon cousin qui est végétarien ? »
- « Aide-moi à adapter la recette afin qu'elle soit faible en sel »

ÉTAPE 6 : Gardez la recette

Pour retrouver la recette plus tard :

- Copiez-collez dans un document Word
- Prenez une photo de l'écran avec votre téléphone intelligent
- Imprimez directement (ordinateur seulement)
    - Effectuer la sélection du texte voulu (voir Chapitre 3, Section 2) directement dans l'écran de ChatGPT
    - Clic de droit et choisissez « imprimer ».

Résultat attendu pour l'exercice 3

ChatGPT vous donnera 3 suggestions du style :

1. **Poulet rôti avec légumes :**
   - Temps : 45 minutes
   - Étapes : Assaisonner le poulet, couper les légumes, enfourner à 375 °F...
2. **Mijoté de poulet aux légumes** :
   - Temps : 30 minutes
   - Étapes : Faire revenir le poulet, ajouter les légumes coupés, laisser mijoter...
3. **Poulet grillé avec purée de pommes de terre :**
   - Temps : 35 minutes
   - Étapes : Griller le poulet, faire bouillir les pommes de terre, préparer la purée...

Chaque recette sera détaillée avec des instructions simples à suivre.

Exemple de résultat :

Figure 18 – ChatGPT - Capture d'écran - Résultat exercice 3 sur ChatGPT

1. Poulet rôti au four, légumes fondants

Temps total : ~50 min

Cuisson : 40–45 min

Ingrédients

- 2 cuisses de poulet (ou 2 blancs)
- 4 pommes de terre moyennes
- 3 carottes
- 2 c. à s. d'huile d'olive
- Sel, poivre
- Herbes de Provence ou thym (facultatif)
- 1 gousse d'ail (facultatif)

Préparation

1. Préchauffe le four à **200°C**.
2. Épluche et coupe les pommes de terre et carottes en morceaux.
3. Mets-les dans un plat allant au four avec l'huile, le sel, le poivre et les herbes. Mélange.
4. Pose le poulet par-dessus (sale et poivre aussi le poulet).
5. Ajoute l'ail écrasé si tu aimes.
6. Enfourne **40 à 45 min**, en retournant les légumes à mi-cuisson.
7. Vérifie que le poulet est bien doré et cuit à cœur.

Astuce : ajoute un petit verre d'eau ou de bouillon au fond du plat pour éviter que ça sèche.

Pour aller plus loin (optionnel)

Autres utilisations culinaires de ChatGPT :

- « Crée-moi un menu de la semaine équilibré avec liste d'épicerie. »
- « Donne-moi 5 idées de déjeuners rapides et nutritifs. »
- « Comment faire un gâteau simple sans mixeur électrique ? »

- « Propose des recettes sans lactose. »
- « Explique-moi comment congeler les restes pour ne rien gaspiller. »

Point important ⚠️

ChatGPT ne connaît pas votre cuisine ni vos goûts. Il ne sait pas :

- Si vous êtes allergique à certains aliments
- Si vous avez des restrictions médicales (diabète, cholestérol)
- Si votre four chauffe plus ou moins fort
- Si vous détestez un type d'aliment

💡 **Toujours utiliser votre jugement et adapter selon vos besoins.**

Compétences acquises dans cet exercice

Après cet exercice, vous saurez :

✅ Demander des recettes personnalisées

✅ Adapter les suggestions à vos ingrédients

✅ Planifier vos repas avec l'aide de l'IA

✅ Poser des questions culinaires précises

✅ Éviter le gaspillage alimentaire

FÉLICITATIONS ! Vous venez de découvrir comment ChatGPT peut être votre chef cuisinier virtuel.

Exercice 4 : Trouver des suggestions de films ou livres

ChatGPT peut vous recommander des films, séries, livres ou activités adaptés à vos goûts. Plus besoin de passer 30 minutes à chercher quoi regarder !

Ce que ChatGPT fait pour vous

- Suggère des films selon vos préférences (genre, langue, époque)
- Recommande des livres adaptés à vos goûts de lecture
- Propose des activités selon votre énergie et vos intérêts
- Donne un petit résumé pour vous aider à choisir

Pourquoi cet exercice est-il utile ?

Vous apprendrez à utiliser ChatGPT comme conseiller culturel personnel pour découvrir de nouveaux films, livres et activités qui vous plairont vraiment.

Situation d'exercice

C'est samedi soir, vous cherchez un film tranquille à regarder en français, sans trop de violence, quelque chose d'émouvant et agréable.

Phrase à copier dans la barre de saisie ChatGPT

« Suggère-moi cinq films en français, plutôt calmes et émouvants, avec peu de violence, pour un samedi soir. Pour chaque film, indique le genre, l'année et en une phrase ce dont il parle. »

Étapes détaillées :

📌 Rappel : Vous maîtrisez maintenant les bases (Chapitre 3). Concentrez-vous sur la PERSONNALISATION de votre demande.

ÉTAPE 1 : Ouvrez ChatGPT sur votre navigateur et entrez la phrase ci-haut (copié-collé ou tapé) en la modifiant selon VOS préférences.

Exemple :

Modifiez selon ce que VOUS aimez vraiment :

- Pour des comédies : « Suggère-moi des comédies françaises drôles des années 2000-2020. »
- Pour des films québécois : « Recommande-moi 5 films québécois récents que je peux trouver sur Crave ou Netflix. »
- Pour des classiques : « Quels sont les meilleurs films français classiques que tout le monde devrait avoir vus ? »

ÉTAPE 3 : Envoyez et lisez les suggestions

ChatGPT vous donnera une liste avec descriptions

💡 **Astuce :** ChatGPT sera en mesure de comprendre votre question même si celle-ci comporte des fautes d'orthographe et/ou de grammaire n'affectant pas le sens de la demande.

ÉTAPE 4 : Demandez plus de détails

Si un film vous intéresse :

- « Parle-moi plus du film #2, sans révéler la fin. »
- « Est-ce que c'est approprié pour regarder avec mes petits-enfants de 12 ans ? »

ÉTAPE 5 : Explorez d'autres recommandations

Une fois que vous avez trouvé ce qui vous plaît, demande-lui : « Suggère-moi d'autres films similaires à celui-ci. »

Résultat attendu pour l'exercice 4

ChatGPT vous proposera une liste comme :

Figure 19 – ChatGPT - Capture d'écran - Résultat Exercice 4

Le Fabuleux Destin d'Amélie Poulain

- **Genre** : Comédie romantique
- **Année** : 2001
- **De quoi ça parle** : Une jeune femme timide décide de rendre les gens heureux autour d'ells tout en cherchant se propre place dans le monde.

Les Choristes

- **Genre** : Drame / Film musical
- **Année** : 2004
- **De quoi ça parle** : Un professeur de musique transforme la vie d'enfants difficles dans un internat grâce au chant.

Pour aller plus loin (optionnel)

Autres utilisations de ChatGPT pour vos loisirs :

- « Recommande-moi des livres faciles à lire pour l'été, style roman policier. »
- « Quelles séries québécoises sont populaires en ce moment sur Club Illico ? »
- « Propose des activités à faire avec mes petits-enfants de 6 et 9 ans
  un dimanche pluvieux. »
- « Donne-moi des idées de sorties culturelles à Montréal pour les aînés. »
- « Suggère des balados intéressants en français sur l'histoire du Québec. »

Compétences acquises dans cet exercice

Après cet exercice, vous saurez :

✅ Demander des recommandations personnalisées

✅ Affiner vos critères de recherche

✅ Découvrir de nouveaux films/livres/activités

✅ Éviter de perdre du temps à chercher

✅ Utiliser l'IA comme guide culturel

FÉLICITATIONS ! Vous venez de découvrir comment ChatGPT peut être votre conseiller en divertissement personnel.

Exercice 5 : Préparer un rendez-vous médical important

ChatGPT peut vous aider à mieux vous organiser : faire des listes, préparer un rendez-vous important, ou planifier un voyage. Vous n'oublierez plus rien !

Ce que ChatGPT fait pour vous

- Crée des listes claires et complètes
- Vous aide à ne rien oublier pour un rendez-vous
- Suggère les bonnes questions à poser
- Organise vos idées de façon structurée

Pourquoi cet exercice est-il utile ?

Vous apprendrez à utiliser ChatGPT comme assistant organisationnel pour vos rendez-vous médicaux, voyages, et toutes les situations où vous voulez être bien préparé.

Situation d'exercice

Vous avez un rendez-vous médical important la semaine prochaine. Vous voulez être bien préparé : savoir quelles questions poser et quels documents apporter pour ne rien oublier.

Phrase à copier dans la barre de saisie ChatGPT

« Aide-moi à préparer un rendez-vous médical important. Dresse une liste de questions à poser au médecin et une liste de choses à apporter (documents, médicaments, carte d'assurance maladie). »

Étapes détaillées :

📌 Rappel : Vous êtes maintenant à l'aise avec ChatGPT. Cet exercice montre comment l'utiliser pour votre organisation personnelle.

ÉTAPE 1 : Ouvrez ChatGPT, Copiez-collez/tapez la phrase ci-haut en la personnalisant selon vos besoins.

- **Pour un rendez-vous spécifique :**
  « J'ai un rendez-vous avec un cardiologue pour un suivi. Quelles questions devrais-je poser et qu'est-ce que je dois apporter ? »

- **Pour une première consultation :**
  « C'est ma première visite chez un nouveau médecin de famille. Aide-moi à préparer ce rendez-vous. »

ÉTAPE 3 : Envoyez et lisez les listes

ChatGPT va créer deux listes distinctes :

- Questions à poser
- Documents à apporter

ÉTAPE 4 : Personnalisez selon votre situation

Ajoutez vos préoccupations spécifiques :

- « J'ai aussi des douleurs au genou depuis 2 mois. Ajoute des questions sur ce sujet. »
- « Je prends 5 médicaments différents. Comment puis-je présenter ça clairement au médecin ? »

💡 **Astuce universelle :** Vous n'êtes jamais obligé de tout savoir ou de tout écrire parfaitement du premier coup. Dans n'importe quelle situation, vous pouvez demander à ChatGPT de vous guider en vous posant des questions.

Pour cet exercice (médication) :
« J'aimerais t'expliquer les 5 médicaments que je prends. Pose-moi des questions pour m'aider à te donner toutes les informations importantes. »

Cette technique fonctionne aussi pour :

- Planifier un voyage
- Acheter un appareil électronique
- Organiser un événement familial
- Résoudre un problème technique
- Ou tout autre sujet complexe

ÉTAPE 5 : Imprimez ou notez les listes

Pour apporter au rendez-vous :

Sur ordinateur :

1. Copiez-collez les listes dans Microsoft Word, Google Docs ou Documents (iOS)
2. Imprimez-les par la suite.

Sur téléphone intelligent :

1. Prenez une capture d'écran
2. Ou recopiez dans vos Notes
3. Consultez sur votre appareil pendant le rendez-vous

💡 **Astuce :** Amenez votre téléphone intelligent au rendez-vous avec les listes ouvertes dans ChatGPT. Vous pourrez les consulter facilement.

Résultat attendu pour l'exercice 5

ChatGPT vous fournira deux listes complètes :

- Questions à poser au médecin :
  - « Quel est le diagnostic exact de mon état ? »
  - « Quelles sont les options de traitement disponibles ? »
  - « Y a-t-il des effets secondaires à surveiller ? »
  - « Dois-je modifier mes activités quotidiennes ? »
  - « Quand dois-je revenir pour un suivi ? »
  - « Y a-t-il des signes d'alerte qui nécessitent de vous rappeler ? »

- Choses à apporter :
- Carte d'assurance maladie (RAMQ)
- Carte d'assurance privée (si applicable)
- Liste complète de vos médicaments actuels
- Résultats d'examens récents (prises de sang, radiographies)
- Carnet de notes avec vos symptômes et leur évolution
- Carte avec coordonnées d'une personne à contacter en urgence

Exemple :

Figure 20 – ChatGPT - Capture d'écran – Résultat exercice 5

Bien sûr — bien se préparer peut vraiment aider à tirer le maximum d'un rendez-vous médical important. Voici **deux listes claires et pratiques** : **questions à poser** et **choses à apporter.** Tu peux les imprimer ou les garder sur ton téléphone.

Questions à poser au médecin

Sur le diagnostic / le problème de santé

- Quel est exactement mon diagnostic (ou les hypothèses possibles) ?
- Qu'est-ce qui peut expliquer mes symptômes ?
- Est-ce une situation temporaire, chronique ou évolutive ?
- Y a-t-il des signes d'alerte qui doivent m'inquiéter ?

Examens et tests

- Ai-je besoin d'examens complémentaires ?
- À quoi servent ces examens ?
- Y a-t-il des risques ou une préparation particulière ?
- Quand et comment aurai-je les résultats ?

Traitement

- Quel traitement me recommandez-vous et pourquoi ?
- Combien de temps devrai-je le suivre ?
- Quels sont les effets secondaires possibles ?
- Que faire si le traitement ne fonctionne pas ou provoque des effets indésirables ?

Pour aller plus loin (optionnel)

Autres utilisations organisationnelles de ChatGPT :

- Crée-moi une liste de vérification pour préparer un voyage de 10 jours en Floride.
- Aide-moi à organiser une fête d'anniversaire pour mes 70 ans. Que dois-je prévoir ?
- Dresse une liste de tâches pour préparer ma maison avant l'hiver au Québec.
- Aide-moi à planifier mes rendez-vous de la semaine (médecin, coiffeur,
  épicerie) de façon efficace.
- Crée un aide-mémoire pour mon déménagement dans 2 mois.

Point important sur la santé ⚠️

ChatGPT vous aide à PRÉPARER le rendez-vous, pas à remplacer le médecin !

❌ Ne prenez JAMAIS de décisions médicales basées uniquement sur ChatGPT ou toute autre IA.

✅ Utilisez-le pour vous organiser et mieux communiquer avec votre médecin

✅ Validez toujours les informations médicales avec un professionnel de la santé

Les listes de ChatGPT sont des suggestions. Ajoutez vos propres questions selon VOTRE situation personnelle.

Compétences acquises dans cet exercice

Après cet exercice, vous saurez :

☑ Créer des listes de vérification détaillées

☑ Mieux préparer vos rendez-vous médicaux

☑ Ne rien oublier dans les situations importantes

☑ Organiser vos pensées et questions

☑ Utiliser l'IA comme assistant organisationnel

FÉLICITATIONS ! Vous venez de découvrir comment ChatGPT peut être votre assistant personnel d'organisation.

Récapitulatif des 5 exercices ChatGPT

Ce que vous avez appris

Après ces 5 exercices, vous maîtrisez maintenant ChatGPT pour :

1. **Comprendre rapidement :** Résumer des articles longs
2. **Communiquer mieux** : Écrire courriels et lettres
3. **Cuisiner facilement** : Trouver des recettes avec ce que vous avez
4. **Vous divertir** : Découvrir films, livres et activités
5. **Vous organiser** : Préparer rendez-vous et événements importants

Vous êtes maintenant autonome avec ChatGPT !

Avez-vous bien compris ? (ChatGPT)

Avant de continuer, vérifions vos connaissances avec ces 5 questions :

1. Que peut faire ChatGPT avec un article long que vous ne voulez pas lire en entier ?

Réponse : Le résumer en quelques phrases simples pour que vous compreniez l'essentiel rapidement.

C'est exactement ce que vous avez appris dans l'Exercice 1.

2. Si ChatGPT vous écrit un courriel trop long, que pouvez-vous lui demander ?

Réponse : « Peux-tu le rendre plus court ? » ou « Réduis à 2-3 phrases seulement. »

Les questions de suivi vous permettent d'améliorer les réponses (Exercice 2).

3. Que devez-vous dire à ChatGPT pour obtenir une recette avec VOS ingrédients ?

Réponse : Listez exactement ce que vous avez dans votre frigo. Par exemple : « J'ai du poulet, des pommes de terre et des carottes. »

Plus vous êtes précis, meilleures sont les suggestions (Exercice 3).

4. Avant d'utiliser un conseil médical de ChatGPT, que devez-vous TOUJOURS faire ?

Réponse : Le vérifier avec votre médecin ou un professionnel de la santé. ChatGPT aide à organiser, pas à diagnostiquer.

C'est l'avertissement important de l'Exercice 5.

5. Comment pouvez-vous garder une recette ou une liste que ChatGPT vous a donnée ?

Réponse : Copier-coller dans un document Word, prendre une photo de l'écran, ou imprimer directement.

Vous avez appris le copier-coller dans les Exercices 2 et 3.

Conclusion — Les leçons de nos exercices ChatGPT

À travers ces exercices, vous avez découvert que ChatGPT est rapide, polyvalent et accessible pour votre quotidien. Vous savez maintenant utiliser ChatGPT pour résumer vos lectures, écrire vos messages, trouver des recettes, découvrir des divertissements et organiser vos événements.

Vos 5 gains essentiels

1. **Comprendre rapidement :** Articles et documents résumés en quelques lignes
2. **Communiquer mieux** : Courriels et lettres rédigées avec clarté
3. **Cuisiner facilement :** Recettes adaptées à ce que vous avez sous la main
4. **Vous divertir :** Films, livres et activités suggérés selon vos goûts
5. **Vous organiser :** Rendez-vous et événements planifiés sans stress

Utilisez ChatGPT pour : Résumer, écrire, cuisiner, découvrir, planifier

Validez AVEC : Docteur, comptable ou avocat avant toute décision importante

Le grand enseignement : ChatGPT n'est pas un robot magique. C'est votre assistant personnel polyvalent qui transforme les questions compliquées en réponses simples et pratiques.

Bravo ! Vous êtes maintenant maître de ChatGPT.

Prochaines étapes

Maintenant que vous maîtrisez ChatGPT, vous pouvez :

- **Continuer avec Claude** (prochain outil du livre) pour comparer les forces de chaque IA
- **Pratiquer ces exercices** avec vos propres situations quotidiennes
- **Explorer d'autres usages** : traduction, apprentissage, créativité
- **Partager vos découvertes** avec famille et amis

Important : Vous n'êtes pas obligé de passer immédiatement aux autres outils (Claude, Gemini, Perplexity). Prenez le temps de bien maîtriser ChatGPT d'abord. Amusez-vous, expérimentez, découvrez tout ce qu'il peut faire pour vous.

Prêt à explorer Claude avec la même confiance ?

4. Claude – L'analyste précis et sécurisé

Découvrir Claude

Deuxième outil de notre comparaison, Claude est le spécialiste de la précision et de l'analyse approfondie. Lancé en 2023 par Anthropic, Claude compte 150 millions d'utilisateurs mensuels en 2025 et gagne rapidement en popularité au Canada.

Claude excelle par sa **précision chirurgicale** sur textes longs (articles, factures, contrats) et son raisonnement étape par étape clair pour sujets complexes. Ultra-sécuritaire, il refuse automatiquement les informations sensibles et limite les hallucinations. Il est l'assistant sérieux parfait pour résumer La Presse, analyser des courriels ou comprendre des documents officiels sans jamais se tromper sur l'essentiel.

Parfait pour vous : Claude comprend le français québécois avec une clarté exceptionnelle et offre des réponses structurées, idéales pour analyser des documents importants.

Évaluation de l'outil Claude

Claude excelle avec 9,8/10 par sa précision chirurgicale

Tableau Synthèse d'utilisation et d'évaluation Claude

CRITÈRES	NOTES	EXPLICATIONS
Gratuité	10/10	Utilisation gratuite illimitée, sans carte de crédit requise.
Simplicité	10/10	Interface ultra-simple : grande boîte de texte, réponses immédiates.
Utilité au quotidien	9/10	Excellent pour courriels, recettes, idées de cadeaux, explications claires.
Français	10/10	Parfaitement bilingue, Québec-France, comprend les expressions locales.
Sécurité	10/10	Très sécuritaire, conversations privées, ne stocke pas vos données personnelles.

Note globale : 9, 8/10 - Un outil polyvalent, ultra-simple et sécuritaire, parfait pour débuter avec l'IA.

ChatGPT ou Claude : lequel pour vous :

Imaginez **ChatGPT** comme votre cousin joyeux qui arrive avec des blagues, des histoires rapides et des idées folles ; parfait pour rigoler, inventer une histoire sur votre enfance ou demander une recette express.

Claude, c'est plutôt votre « oncle professeur », toujours poli, qui explique tout calmement avec des listes bien rangées et des lettres impeccables pour le docteur.

Claude excelle particulièrement pour :

- Analyser des documents longs (contrats, articles de journaux)
- Faire des résumés précis et fiables
- Expliquer des concepts complexes étape par étape

Les deux font exactement les mêmes choses gratuites (questions, résumés, images, etc.), mais ChatGPT est rapide et ludique (idéal pour blagues, jeux spontanés), tandis que Claude est précis et élégant (parfait pour lettres officielles, explications posées).

Testez les deux avec « Raconte-moi l'hiver 1970 à Montréal » ; l'un vous fera rire, l'autre vous montrera un compte rendu détaillé.

💡 **Mon conseil simple :** Commencez par ChatGPT (plus spontané), ajoutez Claude pour les moments sérieux. Les deux sont vos amis gratuits, 24 h/24.

Où trouver Claude

Vous pouvez utiliser Claude de deux façons principales :

- **Directement dans votre navigateur** à l'adresse claude.ai
  ou
- **avec l'application officielle Claude**, disponible sur téléphone intelligent et tablette (iPhone, iPad, appareils Android) ainsi que sur ordinateur.

Le fonctionnement reste le même partout : vous voyez une grande zone pour écrire votre question et un espace pour lire la réponse.

Si vous êtes plus à l'aise avec l'ordinateur, commencez simplement par le site web. Vous pourrez toujours installer l'application plus tard, quand vous vous sentirez prêt.

Votre compte et connexion à Claude

Maintenant que vous connaissez les gestes de base (relisez au besoin la **section 2 du Chapitre 3**), créons ensemble votre compte Claude. Celui-ci est nécessaire pour utiliser Claude et ne prendra que 5 minutes.

Créer votre compte Claude (5 minutes)

Étapes spécifiques à Claude :

1. **Ouvrez Claude** en entrant l'adresse suivante dans votre navigateur : claude.ai
2. **Cliquez sur** « Essayer Claude » (en haut à droite)
3. **Choisissez votre méthode d'inscription :**

   Vous voyez les deux boutons familiers :

   - **« Continuer avec Google »** → Si votre courriel est *@gmail.com*
   - **« Adresse courriel »** → pour *@videotron.ca*, *@yahoo.ca*, *@outlook*, *@hotmail.com*, etc.

Cliquez simplement sur celui correspondant à votre courriel habituel.

Rassurez-vous, ces deux (2) méthodes sont équivalentes : choisissez simplement celle qui correspond au compte que vous utilisez déjà au quotidien.

Figure 21 - Claude - Captures d'écrans - Page principale (Claude.ai)

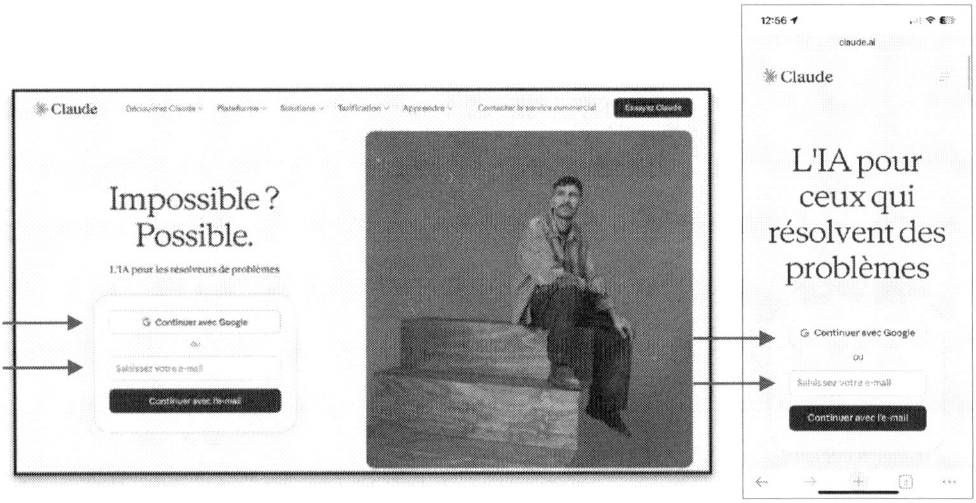

📌 **Rappel :** Nous utiliserons la version gratuite de Claude, qui ne nécessite **aucune carte de crédit**.

4. **Suivre les instructions ci-bas et à l'écran pour votre type de connexion :**

- **Avec Google** (processus instantané) :
  - **Choisissez** votre compte Gmail
  - Cliquez « **Autoriser** »
  - Passez à l'**étape 5**

- **Avec courriel** (petit code de vérification) :
  - **Entrez** votre adresse courriel
  - Cliquez « **Continuer avec l'adresse courriel** »
  - Ouvrez votre boîte de réception de courriel→ **code 6 chiffres**
  - **Tapez le code** dans l'écran Claude
  - Passez à l'**étape 5**

Pas d'adresse courriel ? Pas de problème, consultez l'**Annexe A** pour des conseils et instructions à cet effet.

5. **Écran : Créons votre compte**
   - **Sélectionner** les deux premiers choix (obligatoire)
   - **Appuyez** sur Continuer

Figure 22 - Claude - Capture d'écran - Créons votre compte.

6. **Écran : Quelle est votre date de naissance ?**
   - **Inscrire une date de naissance** dans le carré blanc situé au centre de la page. Je vous recommande d'utiliser le premier janvier de votre année de naissance (exemple 01/01/1965).
   - Appuyez sur « **continuer »**

Figure 23 - Claude - Capture d'écran - Quelle est votre date de naissance ?

7. **Écran : Des forfaits qui évoluent avec vous**
    - **Choisissez le forfait de gauche (gratuit)** en cliquant sur : « Utilisez Claude gratuitement »

Figure 24 - Claude - Capture d'écran - Choix de forfaits

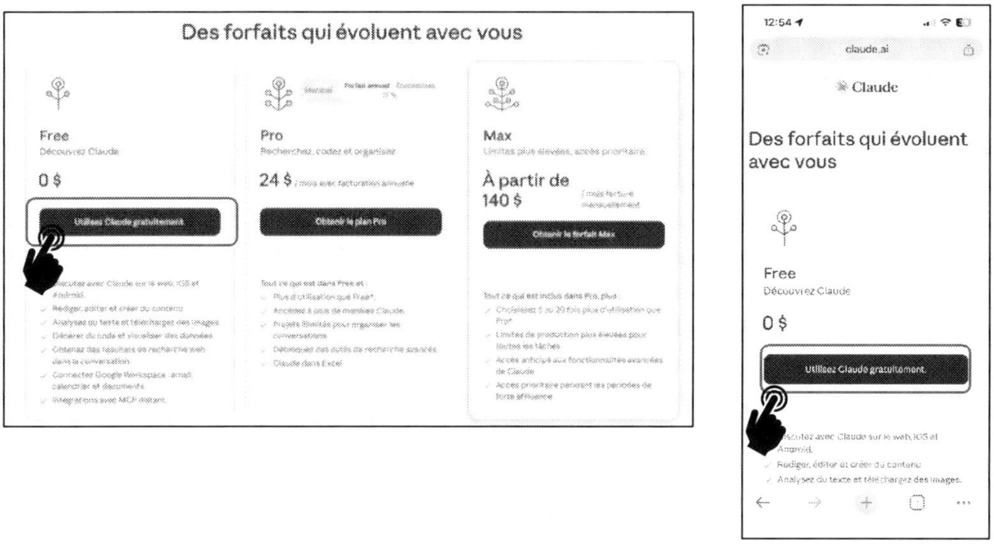

8. **Écran : Bonjour, je suis Claude**
    - Prenez le temps de **lire les informations** affichées à l'écran. **Important :** Si vous ne souhaitez pas que Claude utilise vos données, cliquez sur l'interrupteur situé sous le dernier paragraphe pour désactiver cette option.
    - Pour terminer, cliquez sur le bouton « **J'ai compris** »

Figure 25 - Claude - Capture d'écran - Bonjour, je suis Claude.

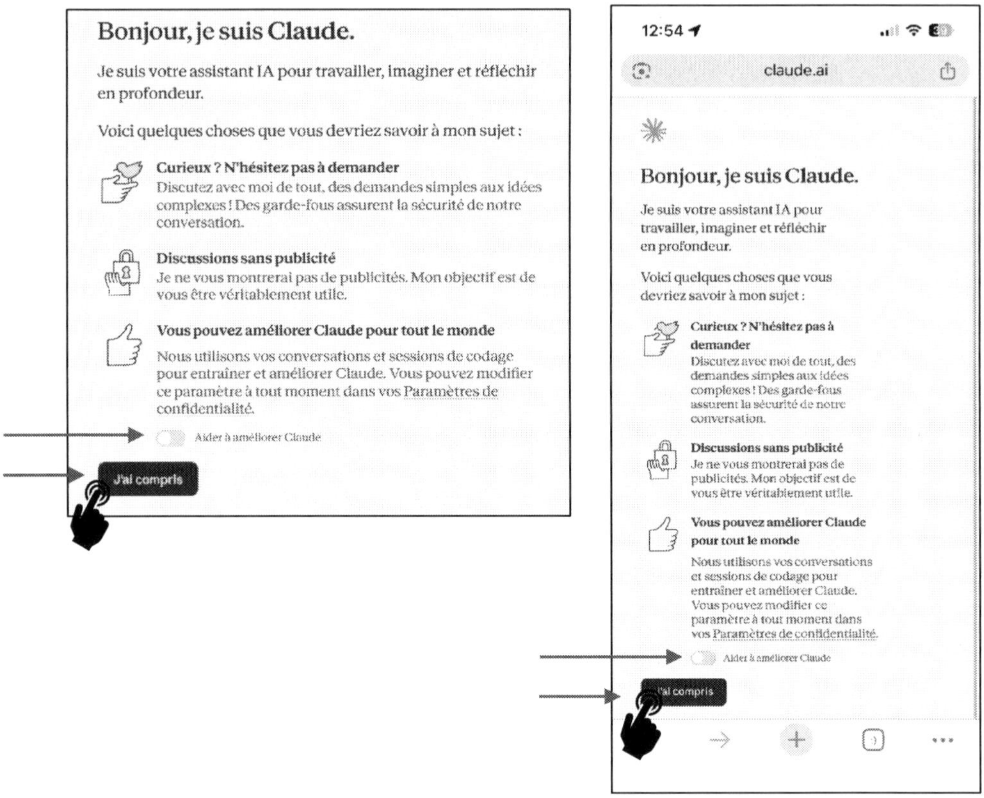

9. Écran confirmez votre nom

Sur cet écran, Claude indique le nom associé à votre courriel. Confirmez celui-ci ou changez-le à votre guide.

Figure 26 - Claude - Capture d'écran - Quel est votre nom ?

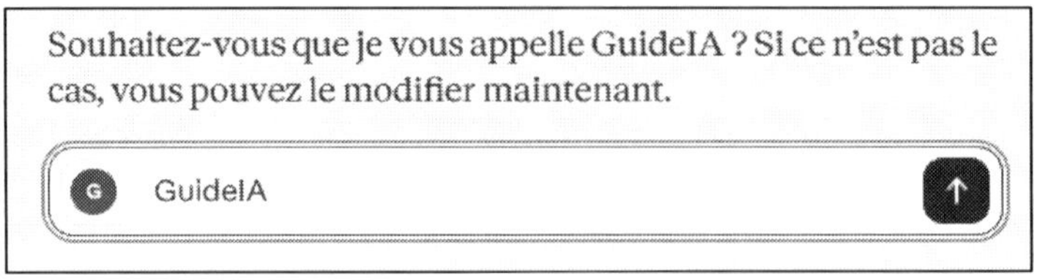

10. **Écran des sujets à explorer**

Cette étape sert uniquement à vous familiariser avec Claude. N'ayez aucune crainte : vos choix ici sont sans conséquence et n'auront aucun impact sur la gratuité de votre accès.

- Cliquez sur « Choix de Claude » (Recommandation)
- Cliquez sur « C'est parti ».

Figure 27 - Claude - Capture d'écran - Préférences

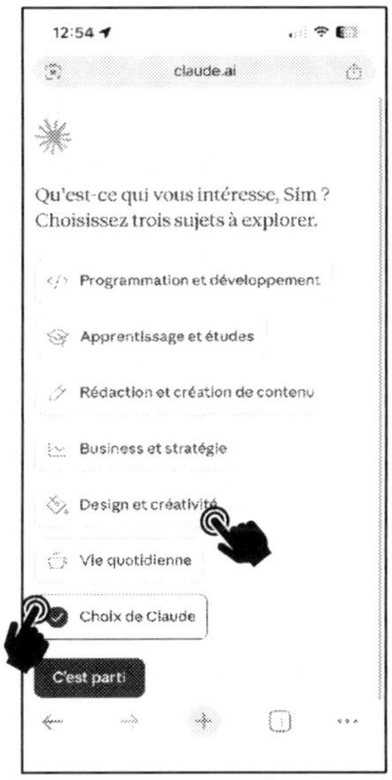

11. **Écran : Suggestions**

Cette étape sert uniquement à vous familiariser avec Claude. N'ayez aucune crainte : vos choix ici sont sans conséquence et n'auront aucun impact sur la gratuité de votre accès.

- Sélectionner le premier choix

Figure 28 - Claude - Capture d'écran – Suggestions

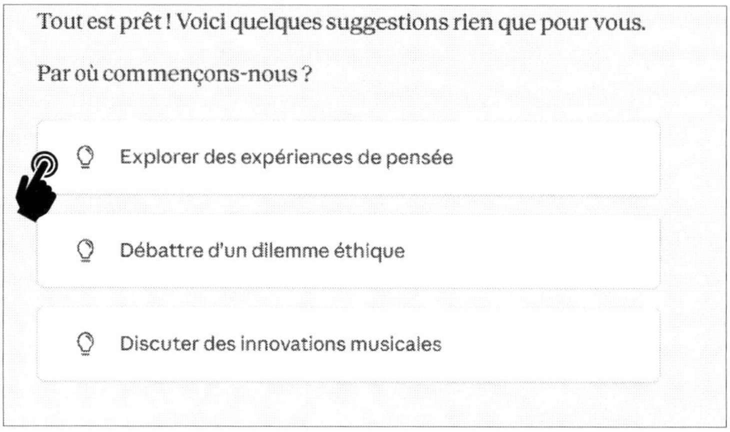

Image identique sur ordinateur et sur téléphone intelligent

12. **Écran : Claude**

Claude lancera automatiquement une discussion pour se présenter. Pour ne pas vous mélanger, je vous conseille de l'ignorer. Cliquez plutôt sur le **« + »** situé dans le coin supérieur gauche pour démarrer votre propre conversation sur des bases neuves.

Figure 29 - Claude - Capture d'écran - Lancer une nouvelle conversation sur ordinateur

Figure 30 - Claude - Capture d'écran - Lancer une nouvelle conversation sur téléphone intelligent

Rassurez-vous, ces étapes ne sont nécessaires qu'à la toute première connexion. Vous n'aurez pas à les répéter lors de vos prochaines visites.

Se connecter les fois suivantes

Une fois votre compte créé, voici comment vous reconnecter :

1. **Allez** sur claude.ai
2. **Cliquez** sur « Se connecter »
3. **Choisissez** la même méthode qu'à l'inscription
4. **Si courriel :** entrez le code reçu par courriel (Claude ne demande pas de mot de passe, seulement un code à usage unique). Claude utilise des codes à usage unique au lieu de mots de passe. C'est plus sécuritaire : vous recevez un nouveau code à chaque connexion.

Se repérer dans l'écran de Claude

Dans cette section, nous découvrirons les interfaces de Claude sur ordinateur et sur téléphone intelligent. Leurs designs simples et purs, ainsi que leurs menus clairs et cohérents, facilitent la navigation. Les fonctions et les icônes étant identiques d'une plateforme à l'autre, il est facile de s'y retrouver.

Comme l'utilisation de Claude nécessite une connexion à un compte, vos recherches sont automatiquement synchronisées entre les appareils. Vous pouvez ainsi commencer une conversation sur votre téléphone intelligent et la poursuivre sur votre ordinateur, au moment qui vous convient.

Explication de l'interface (ordinateur)

Claude comprend 2 zones principales :

- **Zone Réglages** qui vous permet d'accéder à certaines options
- **Zone d'interaction (Questions et réponses)** qui vous permet d'interagir avec l'intelligence artificielle de Claude. Au cœur de cette zone se retrouve la Barre de saisie (où il est écrit « Comment puis-je vous aider ? »). C'est dans celle-ci que vous taperez vos questions et obtiendrez les réponses de Claude.

Figure 31 - Capture d'écran de l'interface ordinateur de Claude

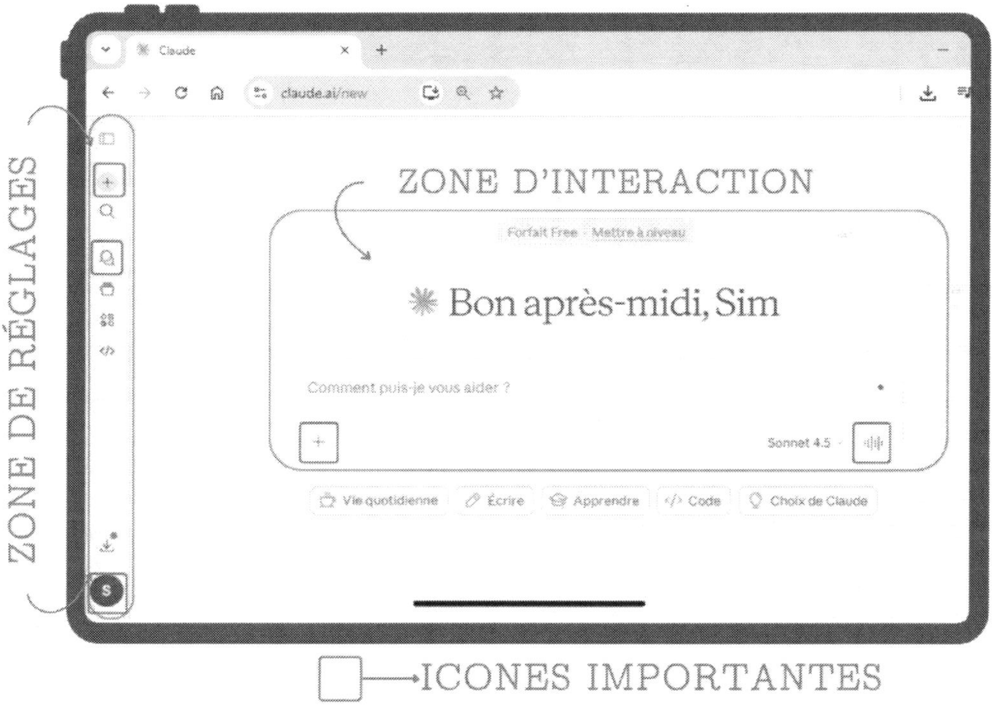

Explication de l'interface pour mobile (tablette et téléphone intelligent)

Voici les principales zones de l'interface mobile de Claude :

- **La zone réglages** - pour accéder aux conversations, démarrer un nouveau chat et ouvrir les paramètres.
- **La zone Interaction** - où taper vos questions, envoyer des instructions et utiliser les options de saisie.
- **La zone réponse** - où apparaissent vos messages et les réponses de Claude.

Figure 32 - Capture d'écran de l'interface mobile de Claude

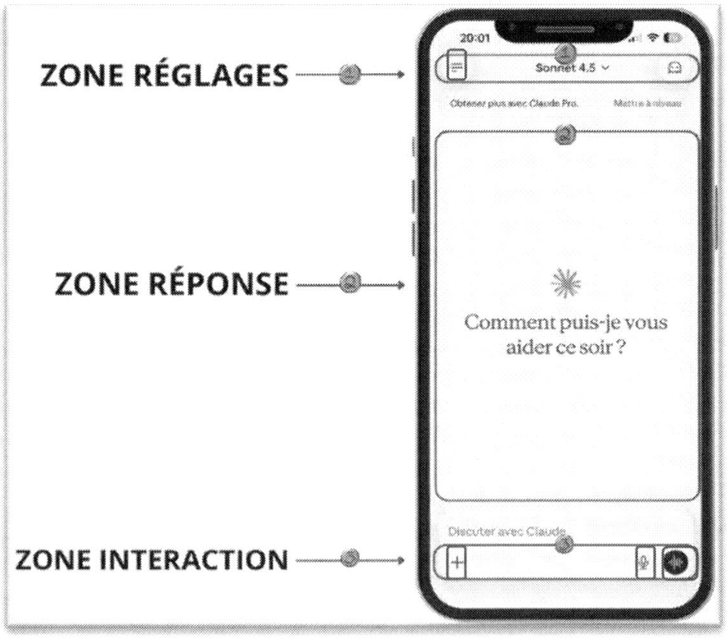

La version mobile est plus compacte avec des menus simplifiés. Les fonctionnalités restent identiques, seule la présentation diffère selon l'appareil.

Introduction aux icônes de Claude

Sur l'écran de Claude, vous verrez quelques petits symboles appelés **icônes**. Ces icônes sont des raccourcis pratiques qui vous permettent de démarrer une nouvelle conversation, ajouter un document, parler à voix haute ou accéder aux paramètres rapidement.

Pour les aînés qui débutent, seules 3-4 icônes sont vraiment utiles : celles pour écrire votre question, envoyer votre message, commencer une nouvelle discussion et faire des ajustements de base.

Dans les pages suivantes, nous verrons uniquement ces **icônes essentielles**, expliquées une par une avec des mots simples et des exemples concrets.

Repérez les icônes marquées de carrés rouges directement dans les interfaces présentées dans les 2 pages précédentes.

Figure 33 - Icônes à considérer comme essentielles

ICÔNES	NOMS	DESCRIPTIONS	EMPLACEMENT
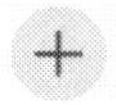	Nouvelle conversation	Permet de débuter sur une nouvelle page.	Située tout en haut à gauche de la page (zone de réglages).
	Soumettre	Permet de soumettre une question à Claude.	Située en bas à droite de la barre de saisie. Vous pouvez aussi utiliser la touche « Entrée » du clavier.
	Attachement	Permet de soumettre un fichier à Claude.	Située à gauche de la barre de saisie sous l'icône : +
	Mode dictée	Lorsqu'activé, Claude transcrit vos paroles dans la barre de saisie.	Disponible sur téléphone intelligent seulement. Située en bas à droite de la barre de saisie.
	Mode mains libres	Lorsqu'activé, Claude opère en mode conversation audio.	Pour l'instant, disponible sur téléphone intelligent seulement. Située en bas à droite de la barre de saisie.
	Paramètres et réglages	Permet de changer la langue, le thème, vérifier l'abonnement et autres réglages.	Située tout en bas à gauche de la page (zone de réglages). Sur téléphone intelligent, cliquez d'abord sur haut de la page à gauche.
	Historique	Lieu d'entreposage de toutes vos conversations passées	Situé dans la zone de réglage à la gauche de l'écran

FICHE TECHNIQUE
CLAUDE - L'ANALYSTE PRÉCIS ET SÉCURISÉ

Outil : Claude

Siteweb: https://claude.ai
Applications disponibles: Apple/Mac, Android, Windows

Qu'est-ce que Claude?
Claude est un assistant intelligent créé par Anthropic. Il se distingue par sa capacité à comprendre des demandes complexes, analyser de longs documents et maintenir des conversations naturelles et nuancées.

FONCTIONNALITÉS

À quoi ça sert?
- ☑ Conversation plus naturelle
- ☑ Analyse de longs documents
- ☑ Réponses plus précises
- ☑ Excellent français (Québec)
- ☑ Gère des problèmes complexes
- ☑ Analyse profondément

Forces:
- Analyse de documents longs (factures, lettres, contrats)
- Résumés ultra-précis
- Réponses nuancées
- Sécurité maximale de vos données.

À savoir ⚠
- Claude peut faire des erreurs — vérifiez toujours les informations importantes
- Il ne remplace pas un professionnel (médecin, avocat, comptable)
- Ne partagez jamais vos mots de passe, numéros de carte ou NAS

Créer un compte (une seule fois)
- Ouvrez Claude.ai sur votre navigateur ou l'application Claude
- Connectez vous avec votre comte Google ou entrez votre adresse courriel
- Confirmez votre adresse courriel au besoin

Se connecter
- Ouvrez Claude.ai sur votre navigateur ou l'application Claude
- Utilisez la même méthode pour vous connecter
- Si vous avez utilisé votre courriel, vous recevrez un code de connexion

COMMENT UTILISER

Posez une question → Appuyez sur «entrée» (clavier) → lisez la réponse → Demandez des clarifications

Comment poser une question?
Communiquez simplement, comme à une personne. Il n'y a pas de mauvaise question.

Structure des questions (prompts)
Rôle - Qui êtes vous? / Quel est le rôle de l'IA?
Tâche - Quel est le travail?
Format - Quel est le format de la réponse?
Ton adapté - Quel ton doit être utilisé?

LA VERSION DE BASE EST ENTIÈREMENT GRATUITE
AUCUNE CARTE DE CRÉDIT REQUISE

Exercices pratiques avec Claude

Claude est excellent pour simplifier les textes compliqués. Ces exercices vous le montreront. Chaque exercice dure 10 à 15 minutes. À la fin de chaque exercice, vous aurez en main un résultat concret : un résumé facile à lire, les points clés du document ou les risques à surveiller.

Exercice 1 – Comprendre vos médicaments

Claude analyse vos ordonnances et vous explique vos pilules en mots simples.

Ce que Claude fait pour vous

- Explique les posologies, les effets secondaires et les interactions entre médicaments.
- Simplifie les notices pharmaceutiques compliquées.

Situation d'exercice

Votre boîte de médicaments a un nom difficile et des instructions confuses.

Phrase à copier dans la barre de saisie de Claude

« Explique-moi ce médicament en termes simples : **[nom du médicament]**. Quels sont ses effets, sa posologie et ses précautions importantes ? »

* remplacez le [nom du médicament] par le nom de l'un de vos médicaments.

Pour les fins de l'exercice, demandons à Claude :

« Explique-moi simplement ce médicament : "amlodipine 5 mg, 1 comprimé matin". Quels sont ses effets, sa posologie et ses précautions importantes ? »

Étapes détaillées :

Étape 1 : Ouvrez Claude sur claude.ai ou l'application.

Étape 2 : Cliquez dans la barre de saisie et inscrivez la phrase ci-dessus en prenant soit de l'adapter à vos besoins.

Étape 3 : Appuyez sur **Entrée** (ou bouton **Envoyer**) et **lisez** l'explication.

Claude vous donnera :

- À quoi sert ce médicament
- Comment le prendre (dose et fréquence)
- Les effets secondaires possibles
- Les précautions importantes

Étape 4 : Posez des questions de suivi si nécessaire

Exemples :

- « Dois-je prendre ce médicament avec de la nourriture ? »
- « Quels sont les signes d'effets secondaires graves ? »
- « Ce médicament peut-il interagir avec [autre médicament] ? »

Résultat attendu pour l'exercice 1 :

Figure 34 – Claude - Capture d'écran du résultat - Exercice 1

Amlodipine 5 mg - Explication simple

C'est quoi? Un médicament pour diminuer la pression artérielle (tension). Il fait partie de la famille des « bloqueurs des canaux calciques ».

Comment ça fonctionne? Il détend et élargit vos vaisseaux sanguins, ce qui facilite la circulation du sang et réduit la pression sur votre cœur.

Posologie (comment le prendre):

- 1 comprimé de 5 mg le matin
- Avalez-le avec de l'eau
- Prenez-le à la même heure chaque jour
- Avec ou sans nourriture

Effets possibles:

- Enflure des chevilles ou des pieds
- Maux de tête
- Étourdissements
- Fatigue
- Rougeur au visage

Précautions importantes:

- Ne cessez jamais brusquement (consultez votre médecin d'abord)
- Évitez le pamplemousse et son jus (interfère avec le médicament)
- Levez-vous lentement pour éviter les étourdissements
- Informez tous vos professionnels de santé que vous prenez ce médicament

Consultez rapidement si:

- Battements de cœur rapides ou irréguliers
- Enflure importante
- Essoufflement inhabituel

Rappel : Je ne suis pas médecin. Ces informations sont générales. Suivez toujours les conseils de votre professionnel de santé et lisez la notice du médicament.

⚠️ **IMPORTANT — Sécurité médicale**

Vous avez le droit :

✅ De vous renseigner sur vos médicaments

✅ De poser des questions à Claude pour mieux comprendre

✅ D'arriver préparé à votre rendez-vous médical

Vous NE devez JAMAIS :

❌ Modifier vos doses sans avis médical

❌ Arrêter un médicament sans en parler à un professionnel

❌ Remplacer un avis médical par l'information donnée par l'IA

💡 **Règle d'or :** Claude vous **informe** - votre pharmacien, médecin ou infirmière vous **soigne**.

Pour aller plus loin (optionnel)

Vous pouvez utiliser Claude pour d'autres questions médicales importantes :

Exemples de demandes :

- « J'ai une ordonnance pour [nom du médicament]. Explique-moi pourquoi mon médecin me l'a prescrit et comment il fonctionne. »
- « Quelles sont les interactions possibles entre [médicament A] et [médicament B] ? »

- « Mon pharmacien m'a dit de prendre ce médicament "à jeun". Qu'est-ce que ça veut dire exactement ? »
- « Explique-moi les effets secondaires de [médicament] en ordre d'importance. »
- « Je prends 5 médicaments différents. Aide-moi à créer un tableau simple pour ne rien oublier (nom, heure, dose). »

> 💡 **Astuce :** Vous pouvez aussi photographier l'étiquette de votre médicament et l'envoyer à Claude avec la question « Explique-moi ce médicament ». Pour envoyer une photo à Claude, cliquez sur l'icône trombone 📎 en bas de l'écran (sous le + à la gauche de la barre de saisie), puis choisissez « Prendre une photo » ou « Galerie ».

Compétences acquises dans cet exercice

Après cet exercice, vous savez :

- ✅ Demander des explications claires sur vos médicaments
- ✅ Comprendre la posologie et les précautions
- ✅ Identifier les effets secondaires importants
- ✅ Préparer des questions pour votre pharmacien
- ✅ Utiliser Claude comme assistant santé personnel

Félicitations ! Vous venez de découvrir comment Claude transforme un jargon pharmaceutique incompréhensible en explications claires.

Exercice 2 - Résumer de vos factures

Claude lit vos factures d'Hydro-Québec ou de Bell et vous dit l'essentiel en 3 lignes.

Ce que Claude fait pour vous

- Identifie les hausses importantes
- Explique les frais cachés ou inhabituels
- Résume votre facture en 3-4 lignes claires

Pourquoi cet exercice est-il utile

Vous apprendrez à utiliser Claude pour comprendre rapidement vos factures complexes (Hydro-Québec, Bell, Vidéotron et autres) sans vous perdre dans les détails techniques.

Situation d'exercice

Votre facture d'électricité a augmenté de 25 $ sans explication claire.

Phrase à copier dans Claude

« J'aimerais comprendre ma facture. Résume-moi cette facture en 3-4 phrases simples : montant total, principaux frais, et tout changement important. [Collez le texte de votre facture ici] »

📌 **Rappel :** Si vous possédez votre facture de manière électronique, il vous est possible de copier-coller le texte provenant de la facture. Relisez simplement la section 2 du Chapitre 3 (Gestes de base) au besoin. L'alternative est de soumettre la facture en pièce jointe. Voyons ces deux scénarios ensemble.

Étapes détaillées :

Scénario A : Copier-Coller de l'information provenant d'une facture

Étape 1 : Ouvrez Claude

Allez sur claude.ai ou ouvrez l'application Claude.

Étape 2 : Copiez et collez la phrase

Copiez la phrase ci-haut et collez-la dans la zone de saisie. **N'appuyez pas encore sur Entrée**, car vous devez d'abord ajouter l'information de la facture.

💡 **Si vous avez déjà appuyé sur Entrée par erreur**

Recommencez simplement en collant la phrase dans une nouvelle conversation.

Étape 3 : Ouvrez la facture numérique

- **Sur ordinateur :** Ouvrez le PDF ou le courriel de votre facture

- **Sur téléphone intelligent :** Ouvrez l'application de votre fournisseur (Hydro-Québec, Bell, etc.)

Étape 4 : Sélectionnez la section du document

Sélectionnez la partie de la facture dont vous désirez obtenir des explications.

Étape 5 : Coller l'information

Collez l'information sélectionnée dans la barre de saisie de Claude, juste après la phrase de l'étape 2.

Étape 6 : Envoyez

Appuyez sur Entrée ou cliquez sur la flèche. ↑

Scénario B : Attacher une facture numérique à Claude

Claude, tout comme les autres outils d'IA présentés dans cet ouvrage, est en mesure de traiter une très grande variété de formats de documents. Il vous est donc possible de soumettre, par exemple, une facture complète en PDF afin de demander à Claude d'en faire l'analyse.

Étape 1 : Ouvrez Claude

Allez sur claude.ai ou ouvrez l'application Claude.

Étape 2 : Copier la phrase

Copiez la phrase ci-haut et collez-la dans la zone de saisie. **N'appuyez pas encore sur Entrée**, car vous devez d'abord attacher votre facture.

Si vous avez déjà appuyé sur Entrée par erreur : recommencez simplement en collant la phrase dans une nouvelle conversation.

Étape 3 : Téléchargez votre facture

Téléchargez la facture sur votre appareil depuis votre compte chez le fournisseur ou depuis le courriel d'où elle provient.

Astuce : Notez bien où vous sauvegardez le fichier (Bureau, Téléchargements, Documents).

Étape 4 : Attachez la facture

Dans l'interface de Claude, repérez et appuyez (ou cliquez) sur le « + » situé à la gauche de la barre de saisie, afin de révéler le menu attachement.

Figure 35 - Capture d'écran – Comment attacher un document, fichier ou photo à Claude

Étape 6 : Sélectionnez votre facture

1. Naviguez vers l'endroit où vous avez sauvegardé la facture
2. Sélectionnez le fichier (simple clic)
3. Cliquez sur « Ouvrir », ce qui téléchargera le document vers Claude.

ÉTAPE 7 : Envoyez votre demande

Appuyez sur Entrée ou cliquez sur pour soumettre votre requête à Claude.

Résultat attendu pour l'exercice 2 :

Claude vous donnera un résumé structuré comme celui-ci :

> « Résumé de votre facture Hydro-Québec :
>
> Montant total à payer : 127,43 $
>
> Date limite de paiement : 15 février 2026
>
> Principaux frais :
>
> - Consommation d'électricité : 89,20 $
> - Frais de distribution : 28,15 $
> - Frais de transport : 8,50 $
> - Taxes : 1,58 $
>
> Changements importants :
>
> Votre facture a augmenté de 18 $ par rapport au mois dernier,

principalement à cause d'une consommation plus élevée (probablement due au froid de janvier). Votre consommation est passée de 850 kWh à 1 120 kWh.

Recommandation :
Cette hausse est normale pour l'hiver québécois. Si vous voulez réduire votre consommation, pensez à baisser le chauffage de 1-2 degrés. »

Pour aller plus loin (optionnel)

Claude peut analyser tout type de factures et documents financiers :

Exemples de demandes :

- « Analyse ma facture d'assurance habitation et explique-moi ce qui a changé cette année. »
- « Compare mes 3 dernières factures Vidéotron et dis-moi si mes coûts augmentent. »
- « Explique-moi les frais sur ma facture de câble, y a-t-il des services que je paie sans utiliser ? »
- « Ma facture Hydro-Québec est le double du mois passé. Aide-moi à comprendre pourquoi. »

💡 **Astuce pratique :** Gardez vos factures des 3 derniers mois dans un dossier. Quand vous remarquez une hausse, demandez à Claude de comparer et d'expliquer la différence.

Vous pouvez aussi :

- Créer un budget mensuel avec l'aide de Claude
- Identifier les économies possibles
- Comprendre les frais bancaires cachés
- Analyser vos reçus de pharmacie (RAMQ)

Compétences acquises dans cet exercice

Après cet exercice, vous savez :

✅ Copier et coller le texte d'une facture dans Claude

✅ Obtenir un résumé clair en 3-4 lignes

✅ Identifier les hausses et frais inhabituels

✅ Poser des questions de suivi pour comprendre les détails

✅ Utiliser Claude comme assistant financier personnel

FÉLICITATIONS ! Vous venez de découvrir comment Claude simplifie vos factures complexes en explications claires.

💡 **À retenir :** Claude lit les montants, compare les périodes et explique les changements. Utilisez cette compétence pour toutes vos factures mensuelles.

Exercice 3 - Résumer de vos factures (par PHOTO)

Un téléphone intelligent 📱 ou une tablette est nécessaire pour cet exercice

Vous venez de maîtriser l'analyse de factures avec du texte copié-collé (Exercice 2).

Mais soyons honnêtes : copier-coller peut sembler compliqué, surtout sur un téléphone intelligent. Et si votre facture arrive par la poste sur papier ? Vous n'allez pas la retaper à la main, quand même !

La solution : Claude peut « voir » et « lire » une photo. Prenez simplement une photo de votre facture avec votre téléphone intelligent, envoyez-la à Claude, et il fera exactement la même analyse que dans l'Exercice 2.

Aucune différence dans le résultat ; juste une méthode plus facile pour plusieurs d'entre vous.

Ce que Claude fait pour vous

- Lit votre facture directement à partir d'une photo
- Identifie les hausses importantes
- Explique les frais cachés ou inhabituels
- Résume en 3-4 lignes claires

Pourquoi cet exercice est-il utile ?

Vous apprendrez à photographier n'importe quel document (facture, lettre, formulaire) et à le faire lire par Claude. Plus besoin de recopier ou de scanner ; une simple photo suffit !

Situation d'exercice

Vous recevez votre facture Hydro-Québec ou Bell par la poste. Plutôt que de copier tout le texte manuellement, vous voulez simplement prendre une photo et demander à Claude de l'analyser.

Phrase à copier dans Claude

« Lis cette photo de ma facture et résume-moi en 3-4 phrases : montant total, principaux frais, et tout changement important. »

Étapes détaillées :

📌 **Important :** Cet exercice se fait sur téléphone intelligent ou tablette (pas sur ordinateur).

ÉTAPE 1 : Préparez votre facture
Placez votre facture sur une surface plane et bien éclairée (près d'une fenêtre ou sous une lampe).

ÉTAPE 2 : Ouvrez votre navigateur et rejoignez Claude (claude.ai**)** sur votre téléphone intelligent ou tablette.

Il vous est également possible de le faire avec l'application mobile :

- iPhone/iPad : Allez sur l'App Store, cherchez « Claude », installez
- Android : Allez sur Google Play Store, cherchez « Claude », installez

ÉTAPE 3 : Une fois sur Claude, repérez l'icône « + »

En bas de l'écran, à gauche de la barre de saisie, vous verrez une petite icône « + » cliquez dessus pour révéler le trombone (« ajouter des fichiers ou des photos »).

ÉTAPE 4 : Cliquez sur le trombone

Cela ouvrira un menu vous permettant d'effectuer l'une des options suivantes :

- Photos (photothèque)
- Prendre une photo ou une vidéo
- Choisir les fichiers

ÉTAPE 5 : Choisissez votre option

Option A : Prendre une photo maintenant

1. Cliquez sur l'icône représentant un appareil photo
2. Cadrez votre facture pour qu'elle soit bien visible
3. Assurez-vous que le texte est net et lisible
4. Prenez la photo et cliquez sur « utiliser ».

Claude pourrait vous demander votre autorisation afin d'utiliser l'appareil photo. Vous devrez cliquer sur autoriser pour continuer.

ÉTAPE 6 : Tapez votre question

Dans la barre de saisie, tapez :

« Lis cette photo de ma facture et résume-moi en 3-4 phrases : montant total, principaux frais, et tout changement important. »

ÉTAPE 7 : Envoyez

Appuyez sur la ↑ flèche.

ÉTAPE 8 : Attendez l'analyse

Claude va « lire » votre photo et analyser tous les chiffres et textes.

ÉTAPE 9 : Lisez le résumé

Claude vous donnera le même type de résumé que dans l'Exercice 2.

ÉTAPE 10 : Posez des questions de suivi si nécessaire

« Pourquoi ces frais ont-ils augmenté ? »

« C'est quoi ce montant de 12,50 $? »

Résultat attendu pour l'exercice 3 :

Claude vous donnera un résumé similaire à celui de l'Exercice 2, mais directement à partir de la photo :

> « J'ai analysé votre facture Hydro-Québec. Voici le résumé :
>
> Montant total à payer : 143,67 $
>
> Date limite : 20 février 2026

Principaux frais :

- Électricité consommée : 98,45 $
- Distribution et transport : 35,80 $
- Taxes : 9,42 $

Changement notable :

Votre facture a augmenté de 22 $ par rapport à janvier, probablement à cause des grands froids de février. Votre consommation a grimpé de 950 kWh à 1 280 kWh. »

💡 Ce que cette fonction change pour vous

Ce processus peut sembler un peu complexe au début, mais bonne nouvelle : vous pouvez envoyer n'importe quelle photo à Claude (et aux autres IA de ce livre) pour qu'elle soit analysée et expliquée simplement :

- Par exemple, utilisez la photo pour :
- Lire une lettre RAMQ confuse
- Traduire une lettre en anglais ou espagnol
- Comprendre un horaire d'autobus
- Décrypter un menu de restaurant
- Analyser un résultat d'examen médical

💡 **À retenir :** Claude voit TOUT ; factures, lettres, menus, panneaux, notices. Photographiez, envoyez, comprenez. C'est aussi simple que ça.

Pour aller plus loin (optionnel)

La fonction photo de Claude ouvre des possibilités infinies. Vous pouvez photographier **n'importe quel document** pour qu'il soit lu et expliqué en français simple.

Exemples d'utilisation quotidienne :

Documents officiels :

- Lettres de la RAMQ, Retraite Québec, Revenu Québec
- Avis d'imposition ou rappels fiscaux
- Formulaires médicaux complexes

Vie quotidienne :

- Menus de restaurant (français ou autres langues)
- Horaires d'autobus ou de train
- Panneaux d'affichage publics
- Recettes écrites à la main par votre grand-mère

Correspondance :

- Lettres reçues en anglais ou autre langue
- Cartes postales difficiles à lire
- Notes manuscrites illisibles

Instructions :

- Manuels d'utilisation (micro-ondes, télécommande)
- Notices de médicaments en petits caractères
- Étiquettes de produits

💡 **Phrase magique universelle :**

« Lis cette photo et explique-moi le contenu en français simple, comme si tu parlais à un aîné québécois. »

Compétences acquises dans cet exercice

Après cet exercice, vous savez :

✅ Prendre une photo claire d'un document

✅ L'envoyer à Claude via l'icône trombone 📎

✅ Recevoir une explication en français simple

✅ Poser des questions de suivi sur le contenu

✅ Utiliser cette technique pour n'importe quel document visuel

FÉLICITATIONS ! Vous venez de découvrir une des fonctions les plus puissantes de Claude : lire et expliquer ce que vous voyez.

Exercice 4 - Adapter une recette santé

Claude modifie vos recettes préférées pour votre diabète ou cholestérol.

Ce que Claude fait pour vous

- Modifie une recette selon vos besoins de santé (diabète, hypertension, cholestérol)
- Propose des substitutions d'ingrédients
- Explique pourquoi chaque changement est bénéfique
- Garde le goût traditionnel autant que possible

Pourquoi cet exercice est utile

Vous apprendrez à utiliser Claude pour continuer à cuisiner vos plats préférés tout en respectant vos contraintes de santé. Plus besoin de renoncer à la tourtière ou au pâté chinois !

Situation d'exercice

Vous adorez la tourtière traditionnelle du temps des Fêtes, mais votre médecin vous a recommandé de réduire le gras et le sel à cause de votre cholestérol et de votre tension artérielle. Vous voulez adapter votre recette familiale sans perdre le goût.

Phrase à copier dans Claude

« Je suis un aîné québécois de 75 ans avec [condition : diabète/hypertension/cholestérol]. Adapte cette recette pour ma santé en gardant le goût traditionnel autant que possible. Explique chaque changement. RECETTE ORIGINALE : [collez votre recette ici] »

💡 **Astuce :** L'utilisation de l'introduction « Je suis un aîné québécois de 75 ans... » permet à l'IA d'adapter sa réponse en fonction de qui vous êtes. Ainsi, dans cet exemple, l'IA adaptera :

La langue : Français québécois naturel (avec nos expressions locales)

Le ton : Explications claires, patientes et respectueuses

Le vocabulaire : Mots simples, sans jargon technique inutile

Les exemples : Références culturelles québécoises que vous connaissez

Vous pouvez personnaliser davantage : Cette introduction de base peut être enrichie avec vos intérêts personnels, votre situation de santé, vos loisirs ou tout autre détail pertinent. Plus vous donnez de contexte, plus l'IA comprend vos besoins. Le « Chapitre 5 : Comment poser des questions à l'IA » vous montrera comment créer votre présentation personnalisée.

Résultat : Vous obtenez des réponses pensées spécialement pour vous, pas pour un jeune professionnel parisien ou un étudiant américain.

Exemple concret :

« Je suis un aîné québécois avec de l'hypertension et du cholestérol élevé. Adapte cette recette de tourtière pour ma santé en gardant le goût traditionnel autant que possible. Explique chaque changement. RECETTE ORIGINALE : Tourtière traditionnelle - 500 g de porc haché - 500 g de bœuf haché - 1 oignon haché - 2 gousses d'ail - 1 c. à thé de sel - 1/2 c. à thé de poivre - 1/2 c. à thé de cannelle - 1/4 c. à thé de clou de girofle - 2 pâtes à tarte du commerce »

Étapes détaillées :

📌 **Rappel :** Vous maîtrisez maintenant les bases de Claude (Chapitre 3 et exercices précédents).

ÉTAPE 1 : Trouvez votre recette

- Dans un vieux livre de cuisine
- Sur un bout de papier écrit par votre mère
- Sur un site web de recettes québécoises

💡 **Astuce :** Si votre recette est manuscrite ou dans un livre, prenez-la en photo et envoyez-la directement à Claude (comme dans l'Exercice 3).

ÉTAPE 2 : Ouvrez Claude

Sur claude.ai ou l'application.

ÉTAPE 3 : Copiez la phrase dans Claude

Remplacez [condition] par votre vraie condition de santé.

ÉTAPE 4 : Collez votre recette

Après « RECETTE ORIGINALE : », collez ou tapez votre recette complète.

ÉTAPE 5 : Envoyez

Appuyez sur Entrée ou cliquez sur la flèche (↑).

ÉTAPE 6 : Lisez la recette adaptée

Claude vous donnera :

- La recette modifiée avec les nouveaux ingrédients
- L'explication de chaque changement
- Des conseils de cuisson si nécessaire

ÉTAPE 7 : Posez des questions de suivi

Exemples :

- « Est-ce que je peux remplacer [ingrédient] par autre chose ? »
- « Cette version garde-t-elle vraiment le même goût ? »
- « Peux-tu me donner une version encore plus simple ? »

Résultat attendu pour l'exercice 4

Claude vous donnera une recette adaptée avec explications détaillées :

« TOURTIÈRE ADAPTÉE (Santé cardiovasculaire)
Ingrédients modifiés :
- ~~500 g de porc haché~~ → 300 g de dinde hachée maigre
- ~~500 g de bœuf haché~~ → 300 g de poulet haché
- 1 oignon haché (conservé)
- 2 gousses d'ail (conservé)
- ~~1 c. à thé de sel~~ → 1/4 c. à thé de sel (réduit de 75 %)

- 1/2 c. à thé de poivre (conservé)
- 1/2 c. à thé de cannelle (conservé)
- 1/4 c. à thé de clou de girofle (conservé)
- AJOUT : 1 c. à thé d'herbes de Provence (compenser le sel)
- ~~2 pâtes à tarte du commerce~~ → 1 pâte maison à l'huile d'olive (dessus seulement)

Explications des changements :

1. Viandes : Dinde et poulet contiennent 60 % moins de gras saturé que porc/bœuf, tout en gardant la texture
2. Sel réduit : 1/4 c. à thé suffit avec les herbes — votre tension vous remerciera
3. Pâte unique : Enlever la pâte du dessous retire 200 calories de gras par portion
4. Herbes ajoutées : Compensent la réduction de sel sans affecter la tension

Résultat : Cette version contient 40 % moins de gras saturé et 70 % moins de sodium, tout en conservant le goût épicé traditionnel de la tourtière. »

Pour aller plus loin (optionnel)

Claude peut adapter n'importe quelle recette selon vos besoins médicaux ou alimentaires :

Exemples de demandes :

- « Adapte cette recette de pâté chinois pour quelqu'un avec du diabète de type 2. »
- « J'ai du cholestérol élevé. Modifie cette recette de pouding chômeur pour réduire le gras sans perdre le goût. »
- « Transforme cette recette de ragoût de pattes pour qu'elle soit faible en sodium (hypertension). »

- « Je suis allergique aux produits laitiers. Remplace les ingrédients laitiers dans cette recette de gratin dauphinois. »
- « Crée une version végétarienne de cette recette de tourtière. »

Pour aller encore plus loin :

- « Donne-moi 5 recettes québécoises adaptées pour le diabète. »
- « Crée un menu de la semaine faible en sel avec des plats traditionnels du Québec. »
- « Explique-moi comment cuisiner avec moins de gras sans sacrifier le goût. »
- « Quels substituts puis-je utiliser pour remplacer le sucre blanc dans mes desserts ? »

💡 **Astuce :** Vous pouvez même photographier une recette d'un vieux livre de cuisine et demander à Claude de l'adapter à vos besoins de santé !

Compétences acquises dans cet exercice

Après cet exercice, vous savez :

✅ Adapter une recette selon vos contraintes de santé

✅ Demander des substitutions d'ingrédients spécifiques

✅ Comprendre pourquoi certains changements sont suggérés

✅ Créer des versions santé de vos plats préférés

✅ Utiliser Claude comme nutritionniste personnel

FÉLICITATIONS ! Vous venez de découvrir comment Claude adapte vos recettes préférées à vos besoins de santé.

💡 **À retenir :** Claude connaît les substitutions santé et explique pourquoi chaque changement améliore la recette. Continuez à cuisiner ce que vous aimez, mais en version plus saine.

Exercice 5 - Traduire et résumer un texte anglais

Claude traduit n'importe quel texte anglais (articles, lettres, courriels) en français québécois simple ET le résume en 5 points clairs.

Ce que Claude fait pour vous

- Traduit l'anglais (ou autre langue) vers un français québécois accessible
- Résume les idées principales en 5 points maximum
- Explique le contexte si nécessaire

Pourquoi cet exercice est-il utile

Vous apprendrez à utiliser Claude pour comprendre des courriels, lettres ou documents en anglais (ou autre langue) sans avoir à demander de l'aide à vos proches. Autonomie totale !

Situation d'exercice

Vous recevez un courriel en anglais de votre compagnie d'assurance ou d'un membre de votre famille qui vit en Ontario. Le texte est long et compliqué. Vous voulez comprendre rapidement le message principal sans vous perdre dans les détails.

Phrase à copier dans Claude

« Je suis une aînée québécoise de 68 ans et j'aimerais comprendre ce texte. Traduis-le en français simple et résume-le en 5 points principaux : [collez le texte anglais ici] »

Exemple concret :

Je suis un aîné québécois de 75 ans et j'aimerais comprendre ce courriel. Traduis-le en français simple et résume-le en 5 points principaux :

> Dear Mr. Tremblay,
>
> We are writing to inform you about important changes to your homeowners insurance policy effective March 1, 2026. Due to recent increases in construction costs and climate-related risks in your area, your annual premium will increase from $1,200 to $1,450.
>
> However, we have also enhanced your coverage to include:
>
> Increased water damage protection up to $50,000
>
> Extended replacement cost coverage for your home
>
> Additional living expenses coverage increased to $30,000
>
> You may review your updated policy documents in your online account. If you have any questions or wish to discuss your coverage options, please contact our customer service team at 1-800-555-0199.
>
> Sincerely,
>
> ABC Insurance Company

Étapes détaillées :

📌 **Rappel:** Vous êtes maintenant à l'aise avec Claude (exercices précédents).

ÉTAPE 1 : Trouvez votre texte anglais

- Courriel reçu
- Lettre postale
- Document officiel
- Article de journal

💡 **Astuce :** Si votre texte est sur papier, photographiez-le avec votre téléphone intelligent et envoyez la photo à Claude (comme dans l'Exercice 3).

ÉTAPE 2 : Copiez le texte anglais

- **Ordinateur** : Sélectionnez le texte → Clic droit → Copier
- **Téléphone intelligent** : Appuyez longuement → Sélectionner tout → Copier

ÉTAPE 3 : Ouvrez Claude
Sur claude.ai ou l'application.

ÉTAPE 4 : Copiez la phrase dans Claude
Tapez ou collez la phrase ci-dessus dans la barre de saisie.

ÉTAPE 5 : Collez le texte anglais

Après la phrase, collez votre texte anglais complet.

ÉTAPE 6 : Envoyez

Appuyez sur Entrée ou cliquez sur la flèche  .

ÉTAPE 7 : Lisez la traduction et le résumé

Claude vous donnera :

- La traduction complète en français simple
- Un résumé en 5 points principaux
- Des explications si nécessaire

ÉTAPE 8 : Posez des questions de suivi

Exemples :

- « Qu'est-ce que ça veut dire exactement "extended replacement cost" ? »
- « Est-ce que cette augmentation est normale ? »
- « Dois-je faire quelque chose ou c'est automatique ? »

Résultat attendu pour l'exercice 5

Claude vous donnera une traduction et un résumé structurés :

« TRADUCTION COMPLÈTE :

Cher Monsieur Tremblay,

Nous vous écrivons pour vous informer de changements importants à votre assurance habitation qui entrent en vigueur le 1er mars 2026. En raison des augmentations récentes des coûts de construction et des risques climatiques dans votre région, votre prime annuelle passera de 1 200 $ à 1 450 $.

Cependant, nous avons également amélioré votre couverture pour inclure :

Protection accrue contre les dégâts d'eau jusqu'à 50 000 $

Couverture étendue du coût de remplacement de votre maison

Frais de subsistance supplémentaires augmentés à 30 000 $

Vous pouvez consulter vos documents de police mis à jour dans votre compte en ligne. Si vous avez des questions ou souhaitez discuter de vos options de couverture, veuillez contacter notre service à la clientèle au 1-800-555-0199.
Cordialement,
Compagnie d'assurance ABC

RÉSUMÉ EN 5 POINTS :

1. Augmentation de prix : Votre assurance habitation augmente de 250 $/an (passe de 1 200 $ à 1 450 $)

2. Raison : Coûts de construction plus élevés + risques climatiques dans votre région

3. Avantage : Meilleure protection contre dégâts d'eau (50 000 $ au lieu de moins)

4. Date : Les changements commencent le 1er mars 2026

5. Action requise : Rien à faire — c'est automatique. Vous pouvez appeler si vous avez des questions.

En résumé : Vous payez un peu plus cher, mais vous êtes mieux protégé, surtout pour les dégâts d'eau. »

Pour aller plus loin (optionnel)

Claude peut traduire et résumer des textes dans la majorité des langues ! Simplement lui demandé ce que vous désirez :

Exemples de Traduction de documents :

- « Traduis cette lettre de mon assurance en français simple et résume les points importants. »
- « J'ai reçu un courriel de mon petit-fils qui vit en Ontario (en anglais). Traduis-le et résume son message principal. »

Traduction de sites web :

- « Je veux acheter sur Amazon.com, mais la description est en anglais. Traduis-moi cette page de produit. » (Suggestion : copiez l'adresse web de l'article et la collez-là dans Claude)
- « Explique-moi en français ce que dit cet article de nouvelles américain sur [sujet]. »

Traduction dans d'autres langues :

- « J'ai reçu une carte postale d'Italie. Traduis-moi ce texte en français. »
- « Mon médecin m'a donné un document en espagnol sur mon traitement. Traduis et résume. »

Simplification :

- « Ce texte français est trop compliqué pour moi. Réécris-le en mots plus simples. »
- « Traduis ce jargon juridique en langage de tous les jours. »

Compétences acquises dans cet exercice

Après cet exercice, vous savez :

✅ Traduire des textes anglais en français québécois

✅ Obtenir un résumé des points principaux

✅ Comprendre des courriels, lettres ou documents en langue étrangère

✅ Simplifier du français complexe en langage accessible

✅ Utiliser Claude comme traducteur personnel multilingue

FÉLICITATIONS ! Vous venez de découvrir comment Claude brise les barrières linguistiques.

💡 **À retenir :** Claude traduit de l'anglais (et de nombreuses autres langues) vers un français québécois impeccable. Fini le temps où vous deviez demander de l'aide à vos proches pour comprendre un texte étranger : vous êtes désormais autonome !

De plus, sachez que vous pouvez demander une traduction à tout moment. Il suffit d'écrire à l'IA : » *Traduis ta dernière réponse en [langue]* » ou » *Traduis ce texte en français* ».

Récapitulatif des 5 exercices Claude

Ce que vous avez appris

Après ces 5 exercices, vous maîtrisez maintenant Claude pour :

Santé simplifiée : Comprendre vos médicaments en mots clairs (posologie, effets, précautions)

Factures décryptées : Résumer vos comptes (Hydro-Québec, Bell) en 3 lignes, détecter les hausses

Photos analysées : Envoyer n'importe quel document en photo (factures, lettres, notices)

Recettes adaptées : Modifier vos plats préférés pour diabète, cholestérol ou hypertension

Langues maîtrisées : Traduire anglais → français québécois + résumé en 5 points

Vous êtes maintenant autonome avec Claude !
Claude transforme vos documents complexes en explications simples, en français québécois.

Avez-vous bien compris ? (Claude)

1. Pourquoi Claude est-il bon pour des explications détaillées ?

Réponse : Il pense étape par étape et vérifie ses idées, comme un professeur patient.

2. Puis-je demander à Claude d'écrire comme un Québécois ?

Réponse : Oui ! Dites : « Explique-moi ça comme à un ami de Québec. »

3. Faut-il faire des phrases longues avec Claude ?

Réponse : Non. Des questions courtes fonctionnent très bien.

4. Comment Claude gère-t-il les sujets délicats ?

Réponse : Il reste poli et éthique, parfait pour des conseils personnels.

5. Si la réponse est trop sérieuse, que faire ?

Réponse : Demandez : « Raconte-moi ça avec une anecdote drôle.

Conclusion — Les leçons de nos exercices Claude

À travers ces exercices, vous avez découvert que Claude est précis, sécuritaire et pratique pour la vraie vie. Vous savez maintenant utiliser Claude pour vos médicaments, factures, recettes et courriels anglais — à l'écrit ou par photo.

Vos 5 gains essentiels

1. **Santé simplifiée :** Médicaments expliqués, rendez-vous préparés
2. **Finances claires :** Factures analysées en 3 lignes (même par photo)
3. **Cuisine adaptée :** Recettes santé pour diabète et hypertension
4. **Compréhension/traduction de documents :** Lettres RAMQ, courriels anglais, etc.
5. **Autonomie totale :** Claude voit, lit et explique tout en français québécois

Utilisez Claude pour : Médicaments, factures, recettes, traduction

Validez avec : Docteur, comptable ou avocat avant toute décision importante

Le grand enseignement : Claude n'est pas un robot magique. C'est votre assistant personnel sérieux qui transforme le jargon (médical, administratif, anglais) en français clair et utile.

Bravo ! Vous êtes maintenant maître de Claude. Prêt à explorer Gemini avec la même confiance ?

Prochaines étapes

Maintenant que vous maîtrisez Claude, vous pouvez :

- **Continuer avec Gemini** (prochain outil du livre) pour découvrir ses capacités visuelles et créatives
- **Pratiquer ces exercices** avec vos propres factures, ordonnances et documents
- **Explorer d'autres usages** : analyse de contrats, résumés de rapports médicaux, adaptation de textes
- **Partager vos découvertes** avec famille et amis

Important : Vous n'êtes pas obligé de passer immédiatement à Gemini ou Perplexity. Prenez le temps de bien maîtriser Claude d'abord. Testez-le avec vos vrais documents, familiarisez-vous avec la fonction photo.

Prêt à explorer Gemini avec la même confiance ?

5. Gemini – L'assistant intégré à l'univers Google

Découvrir Gemini

Gemini est l'assistant intelligent de Google. Il voit vos photos, écoute votre voix et cherche les informations les plus récentes sur internet. Que vous utilisiez ou non les outils Google au quotidien, Gemini excelle dans l'analyse de photos, la commande vocale et la recherche d'informations actuelles.

Parmi tous les outils d'intelligence artificielle que nous verrons dans ce livre, Gemini se distingue par deux forces principales :

- Sa capacité exceptionnelle à comprendre les images
- Sa connexion directe au web pour trouver les informations les plus récentes.

Lancé par Google en 2023, il compte déjà des millions d'utilisateurs dans le monde qui profitent de ces capacités uniques.

Si vous utilisez déjà Gmail, Google Photos ou Google Drive, Gemini s'intègre naturellement à vos habitudes. Il transforme vos photos de voyage en descriptions détaillées, traduit des menus de restaurant en un clin d'œil et accède directement à vos documents.

Même si vous n'utilisez aucun service Google, Gemini reste un outil extrêmement puissant et gratuit pour :

- Analyser n'importe quelle photo (identifier des objets, traduire du texte, décrire des scènes)
- Créer des images personnalisées gratuitement
- Obtenir des informations actualisées d'internet (météo, horaires, nouvelles)
- Utiliser la commande vocale en français québécois
- Chercher des réponses avec les données les plus récentes disponibles

Vous n'avez besoin que d'un compte Google gratuit pour commencer ; même si vous continuez d'utiliser Outlook pour vos courriels ou d'autres services ailleurs.

Évaluation de l'outil Gemini

Gemini brille grâce à ses superpouvoirs visuels : analyse instantanée de photos, conversations vocales naturelles, idées d'entraînement physique avec images, compréhension parfaite des captures d'écran. Idéal pour vos besoins quotidiens visuels et multimédias.

Tableau Synthèse d'utilisation et d'évaluation Gemini

CRITÈRES	NOTES	EXPLICATIONS
Gratuité	9/10	Utilisation gratuite avec un compte Google, sans carte de crédit.
Simplicité	8/10	Interface claire, surtout si vous utilisez déjà un téléphone intelligent et Gmail.
Utilité au quotidien	9/10	Idéal pour photos, menus, documents, trajets, organisation personnelle.
Français	9/10	Comprend bien le français québécois et s'adapte à votre vocabulaire local.
Sécurité	9/10	Fiable si vous évitez de partager des informations trop sensibles et vérifiez les messages.

Note globale : 8,8/10 – Un assistant visuel et pratique, et parfait si vous utilisez déjà Google.

ChatGPT, Claude ou Gemini : lequel pour vous :

Maintenant que vous avez découvert ChatGPT et Claude en détail, voyons comment ceux-ci se comparent vis-à-vis de Gemini. Voici comment imaginer chacun d'eux :

ChatGPT, c'est votre cousin joyeux qui arrive avec des blagues, des histoires rapides et des idées folles. Parfait pour rigoler, inventer une histoire sur votre enfance, demander une recette express ou générer des images amusantes. Il aime converser et proposer plusieurs idées.

Claude, c'est plutôt votre oncle, professeur toujours poli et respectueux. Il explique tout calmement avec des listes bien rangées, des analyses détaillées et des lettres impeccables pour votre médecin ou pour rédiger un document important. Il prend son temps et n'aime pas se précipiter.

Gemini, c'est votre grand-mère créative qui dessine, qui voit les photos sur votre téléphone intelligent, qui navigue avec vous pour trouver l'arrêt d'autobus et qui vous protège des arnaqueurs. Pratique, visuelle et toujours là pour vous aider dans le vrai monde.

En résumé :

- Besoin de rapidité et de créativité ? ChatGPT
- Besoin de précision et d'analyse ? Claude
- Besoin de gérer des images et des photos ? Gemini

Dans la présente section, nous découvrirons Gemini en détail, exactement comme vous l'avez fait pour ChatGPT et Claude.

Où trouver Gemini

Vous pouvez utiliser Gemini de deux façons principales :

- **Directement dans votre navigateur**, à l'adresse gemini.google.com.
- **Avec l'application officielle Gemini**, disponible sur téléphone intelligent et tablette (iPhone, iPad, appareils Android) ainsi que sur ordinateur.

Le fonctionnement reste le même partout : vous voyez une zone pour écrire votre question, parler à voix haute ou ajouter une photo, et un espace pour lire la réponse.

Si vous êtes plus à l'aise avec l'ordinateur, commencez simplement par le site web. Vous pourrez toujours installer l'application plus tard, quand vous vous sentirez prêt.

Votre compte et connexion à Gemini

Maintenant que vous connaissez les gestes de base présentés au Chapitre 3, créons ensemble votre compte Gemini.

Créer votre compte Gemini (3 minutes)

📌 Rappel : Vous avez déjà appris à ouvrir votre navigateur et taper une adresse au Chapitre 3. Si besoin, relisez cette section avant de continuer.

Étapes pour accéder à Gemini

1. Allez sur gemini.google.com
2. Connectez-vous avec votre compte Google :
    - Si vous utilisez Gmail, c'est votre même compte
    - Si vous utilisez YouTube, c'est votre même compte
    - Si vous avez un téléphone intelligent de type Android, c'est votre même compte
3. Cliquez sur » **Connexion »**
4. Choisissez votre compte Google :
    - Sélectionnez votre adresse Gmail dans la liste
    - Entrez votre mot de passe Google (celui de votre Gmail)

5. Acceptez les conditions :
    - Lisez ou faites défiler les conditions d'utilisation
    - Cliquez sur « **J'accepte »**

C'est terminé ! Vous êtes maintenant dans Gemini.

Vous n'avez PAS de compte Google/Gmail ?

Pas de problème ! Suivez ces étapes supplémentaires :

1. Sur gemini.google.com, cliquez sur « **Créer un compte »**
2. Cliquez sur « **Pour mon usage personnel »**
3. Suivez les mêmes étapes que pour créer un Gmail (voir Annexe A)
4. Une fois votre compte Google créé, revenez sur gemini.google.com
5. Connectez-vous avec votre nouveau compte

> **Bon à savoir :** Créer un compte Google vous donne automatiquement accès à Gmail, YouTube, Google Maps **ET** Gemini. C'est très pratique !

Se connecter les fois suivantes

La connexion à Gemini est très simple :

1. Ouvrir navigateur
2. Allez sur gemini.google.com
3. Si vous n'êtes pas déjà connecté, cliquez « Se connecter »
4. Choisissez votre compte Google
5. Entrez votre mot de passe (si demandé)

Se repérer dans l'écran de Gemini

Dans cette section, nous découvrirons les interfaces de Gemini sur ordinateur et sur téléphone intelligent. Leurs designs simples et épurés, ainsi que leurs menus clairs et cohérents, facilitent la navigation. Les fonctions et les icônes étant similaires d'une plateforme à l'autre, il est facile de s'y retrouver.

Comme l'utilisation de Gemini nécessite une connexion à un compte Google, vos conversations sont automatiquement sauvegardées et accessibles sur tous vos appareils connectés à Gemini via ce même compte. Concrètement, cela signifie que si vous commencez une discussion avec Gemini sur votre téléphone intelligent le matin, vous pourrez la retrouver et la continuer sur votre ordinateur l'après-midi, sans avoir à tout recommencer.

Sachez qu'il en est de même pour tous les autres outils d'IA présentés dans ce livre, à condition d'être connecté : vos conversations d'autres appareils connectés au même outil IA apparaîtront dans votre historique. Vous retrouverez cet historique, dans Gemini et les autres IA, dans la **zone de réglages** à gauche de l'écran. (Voir Figure 36) Il vous est possible d'organiser vos conversations en les renommant (clic droit > « Renommer » ou via les « ... ») qui apparaîtront lorsque vous survolerez les conversations de l'historique.

Explication de l'interface (ordinateur)

Gemini comprend 2 zones principales :

- **Zone de réglages** qui vous permet d'accéder à certaines options dont l'historique et paramètres.
- **Zone d'interaction (questions et réponses)** qui vous permet d'interagir avec l'intelligence artificielle de Gemini. C'est ici que vous taperez vos questions et obtiendrez les réponses de Gemini.

Figure 36 - Capture d'écran de l'interface ordinateur de Gemini

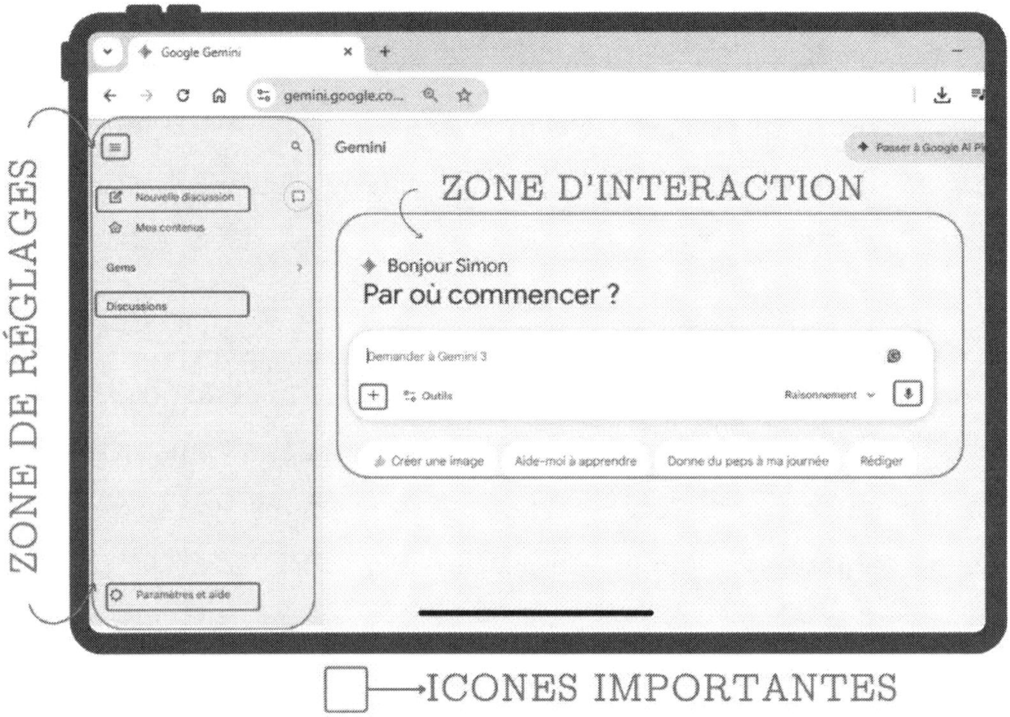

Explication de l'interface pour tablette et téléphone intelligent

Voici les principales zones de l'interface mobile de Gemini :

- **La zone réglages** - pour accéder aux conversations, démarrer un nouveau chat et ouvrir les paramètres.
- **La zone Interaction** - où taper vos questions, envoyer des instructions et utiliser les options de saisie.
- **La zone réponse** - où apparaissent vos messages et les réponses de Gemini.

Figure 37 - Capture d'écran de l'interface mobile de Gemini

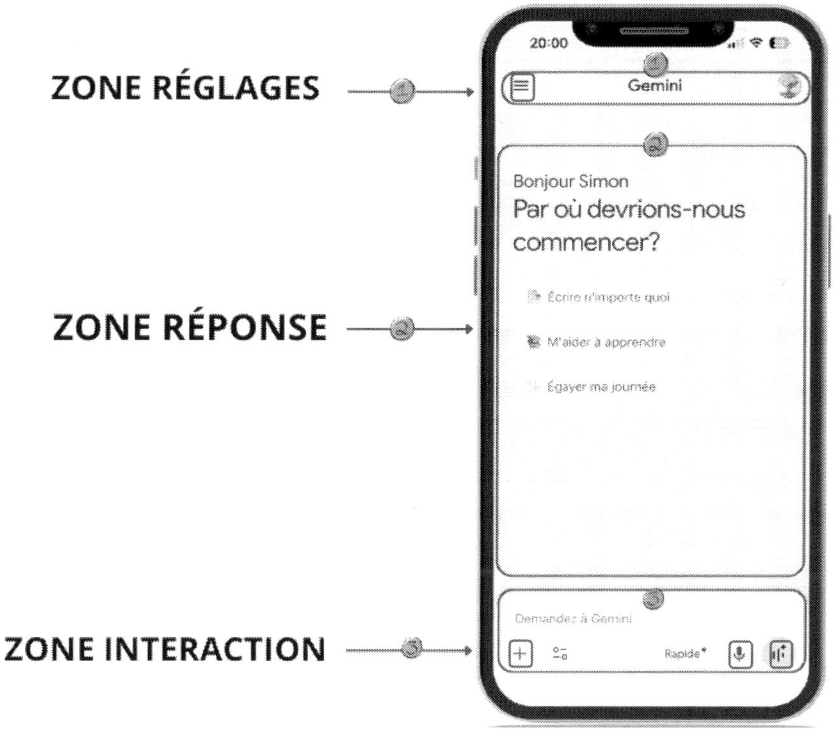

Introduction aux icônes

Sur l'écran de Gemini, vous verrez plusieurs petits dessins appelés **icônes**. Ce sont des raccourcis qui vous permettent d'accomplir rapidement des tâches : commencer une nouvelle conversation, ajouter un fichier, prendre une photo, dicter votre message à voix haute ou ouvrir les paramètres.

Ces petits symboles sont généralement situés en bas ou sur le côté de l'écran. Ils ressemblent à des petits dessins : une loupe pour chercher, un engrenage pour les réglages, un microphone pour parler, une caméra pour prendre une photo.

Pour débuter, vous n'avez besoin que des icônes essentielles : celles qui vous permettent de commencer une conversation, d'écrire votre message, de l'envoyer, et d'utiliser la voix ou la caméra. Les autres icônes viendront plus tard, à mesure que vous explorerez Gemini.

Tableau des icônes essentielles

ICÔNES	NOMS	DESCRIPTIONS	EMPLACEMENT
	Nouvelle conversation	Permet de débuter sur une nouvelle page.	Située tout en haut à gauche de la page (zone de réglages). Sur téléphone intelligent, cliquez d'abord sur en haut de la page à gauche.
	Attachement	Permet de soumettre un fichier/Photo à Gemini.	Située à gauche de la barre de saisie.
	Mode dictée	Lorsqu'activé, Gemini transcrit vos paroles dans la barre de saisie.	Située en bas à droite de la barre de saisie.
	Mode mains libres	Lorsqu'activé, Gemini opère en mode conversation audio.	Disponible sur téléphone intelligent seulement. Située en bas à droite de la barre de saisie.
	Paramètres et réglages	Permet de changer la langue, le thème, vérifier l'abonnement et autres réglages.	Située tout en bas à gauche de la page (zone de réglages). Sur téléphone intelligent, cliquez d'abord sur en haut de la page à gauche.
Aucune icône	Historique	Lieu d'entreposage de toutes vos conversations passées	Situé dans la zone de réglage à la gauche de l'écran

FICHE TECHNIQUE
GEMINI - ASSITANT INTÉGRÉ À GOOGLE

Outil : Gemini

Siteweb: https://gemini.google.com
Applications disponibles: Apple/Mac, Android, Windows

Qu'est-ce que Gemini?
Gemini est l'assistant intelligent de Google. Il voit vos photos, écoute votre voix et cherche les informations les plus récentes sur Internet. Conçu pour fonctionner avec tous vos outils Google.

FONCTIONNALITÉS

À quoi ça sert?
- ☑ Analyser vos photos
- ☑ Créer des images
- ☑ Parler à voix haute (Gemini Live)
- ☑ Résumer vos documents
- ☑ Chercher des infos sur internet
- ☑ Traduire des textes

Intégration à vos produits google
Google Photo: Analyse vos souvenirs de vacances
Gmail: Résumé vos message et facilite la rédaction
Google docs: Résume, traduit et améliore le texte
Google dreive: Accès direct à vos documents
Google maps: Facile la recherche de lieu précis

Forces
- Création d'images personnalisées
- Analyse de photos
- Traductions visuelles (menus, affiches)
- Commandes vocales
- Intégration Google.

À savoir ⚠
- Gemini peut parfois se tromper
- Il ne remplace pas un professionnel
- Ne partagez pas d'informations personnelles sensibles
- Gemini n'est pas une personne, privilégiez la chaleur humaine

Créer un compte (une seule fois)
- Ouvrez gemini.google.com ou utilisez l'application
- Cliquez sur « Connexion »
- Cliquez sur «Créer un compte»

Se connecter
- Ouvrez gemini.google.com/ ou utilisez l'application
- Connectez votre compte google

COMMENT UTILISER

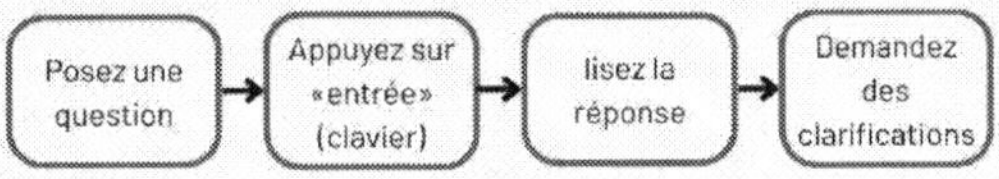

Comment poser une question?
Communiquez simplement, comme à une personne. Il n'y a pas de mauvaise question.

Structure des questions (prompts)
Rôle - Qui êtes vous? / Quel est le rôle de l'IA?
Tâche - Quel est le travail?
Format - Quel est le format de la réponse?
Ton adapté - Quel ton doit être utilisé?

LA VERSION DE BASE EST ENTIÈREMENT GRATUITE
AUCUNE CARTE DE CRÉDIT REQUISE

Exercices pratiques avec Gemini

Maintenant que vous comprenez Gemini, passons à la pratique ! Ces 5 exercices vous montreront comment utiliser Gemini dans votre vie quotidienne.

Rappel : Tous les exercices sont gratuits. Prenez votre temps. Il n'y a aucune pression.

Exercice 1 - Créer des photos souvenirs avec des descriptions

Gemini peut transformer vos souvenirs en images personnalisées. Vous pouvez créer une illustration de votre chalet d'enfance, d'un moment précieux avec vos petits-enfants ou de votre maison familiale — même si vous n'avez plus de photos.

Ce que Gemini fait pour vous

- Crée des images à partir de vos descriptions
- Génère des souvenirs visuels personnalisés
- Produit des illustrations prêtes à imprimer ou à partager
- Ajuste l'image selon vos demandes

Pourquoi cet exercice est-il utile

Vous apprendrez à utiliser Gemini pour créer des images de vos souvenirs précieux, même sans photos existantes. C'est parfait pour offrir des cadeaux personnalisés à vos proches ou décorer votre maison avec des scènes qui vous tiennent à cœur.

Situation d'exercice

Vous voulez créer une image de votre chalet d'enfance au bord du lac, entouré de sapins, pour l'offrir à vos enfants. Vous n'avez plus de photos, mais vous vous souvenez parfaitement des détails.

Phrase à copier dans Gemini

« Génère une image d'un petit chalet rouge construit sur la terre ferme entouré de sapins, sur une rive herbeuse et boisée au bord d'un lac calme à Mont-Laurier, Québec. En arrière-plan, les collines sont arrondies et recouvertes de forêts denses. Ciel de coucher de soleil avec des couleurs orange et rose éclatant. »

Étapes détaillées :

Allez sur gemini.google.com dans votre navigateur ou ouvrez l'application Gemini sur votre téléphone intelligent.

ÉTAPE 2 : Trouvez la barre de saisie

Vous verrez une grande zone blanche en bas de l'écran avec le texte « Envoyez un message à Gemini » ou similaire. Cliquez dedans.

ÉTAPE 3 : Copiez la phrase dans Gemini

Tapez ou collez la phrase ci-dessus dans la barre de saisie.

ÉTAPE 4 : Personnalisez si désiré la phrase ci-haut :

Changez les détails selon votre souvenir :

- « Chalet en bois rouge » au lieu de « chalet rouge »
- « Un quai en bois part de la rive et s'avance dans l'eau. »
- « Style réaliste haute définition » au lieu « d'une image »

Ainsi, votre message à Gemini pourrait ressembler à ceci :

« Génère photographie réaliste style haute définition d'un petit chalet en bois rouge construit sur la terre ferme, entouré de sapins sur une rive herbeuse et boisée au bord d'un lac calme à Mont-Laurier, Québec. Un quai en bois part de la rive et s'avance dans l'eau. En arrière-plan, les collines sont arrondies et recouvertes de forêts denses. Ciel de coucher de soleil avec des couleurs orange et rose éclatant. »

ÉTAPE 5 : Envoyez

Appuyez sur **Entrée** sur votre clavier ou cliquez sur le bouton flèche (➔) à droite de la barre de saisie.

ÉTAPE 6 : Attendez quelques secondes

Gemini génère votre image. Cela prend généralement 5 à 15 secondes.

Lorsque vous demandez à Gemini de créer ou de retoucher une image, vous verrez peut-être apparaître la mention « Image générée par **Nano Banana** ». Il s'agit tout simplement du nom que Google a donné à son modèle d'intelligence artificielle spécialisé dans la création d'images, qui travaille directement à partir de vos descriptions plutôt que de vous présenter des photos déjà existantes trouvées sur le Web.

Résultat attendu pour l'exercice 1

Gemini vous donnera :

- ☑ Une image personnalisée basée sur votre description
- ☑ Une illustration prête à télécharger
- ☑ La possibilité de demander des ajustements
- ☑ Une création unique que vous pouvez partager ou imprimer

Exemple de résultat que vous pourriez recevoir :

Gemini génère une belle image d'un chalet au bord d'un lac avec un coucher de soleil. L'image apparaît directement dans la conversation. Vous pouvez cliquer dessus pour la voir en grand format.

Figure 38 – Gemini – Image – Résultat exercice 1

Pour aller plus loin (optionnel)

Une fois que vous avez votre image, vous pouvez demander des ajustements dans la MÊME conversation :

Exemples de questions de suivi :

- « Rends le ciel plus orangé. »
- « Ajoute un canot sur le lac. »
- « Change le style pour une peinture à l'huile. »

Gemini créera une nouvelle version en tenant compte de vos ajustements.

Par exemple :

Si nous demandons : « Change la couleur du Chalet pour une roulotte de 23 pieds et ajoute un »

Voici de que Gemini génèrerait :

Figure 39 – Gemini – Image - Modification de l'Image générée par Gemini dans le cadre de l'exercice 1

Autres idées d'images à créer avec Gemini :

- « Crée une image de ma grand-mère dans son jardin, entourée de fleurs colorées, style peinture à l'huile. »
- « Fais-moi une illustration de la maison de mon enfance à Trois-Rivières, avec une galerie en avant et un érable dans la cour. »
- « Génère une image d'un paysage d'hiver québécois avec une cabane à sucre et des enfants qui jouent dans la neige. »
- « Crée une carte de souhaits personnalisée pour l'anniversaire de ma fille avec des fleurs et un message chaleureux. »

Astuce : Plus vous donnez de détails (couleurs, style, éléments), plus l'image sera proche de votre vision ! Soyez indulgent ; l'IA fait de son mieux avec la technologie actuelle. Elle s'améliore au fil du temps, mais il arrive encore que les images ne soient pas toujours parfaites. Elles permettent toutefois de créer de beaux souvenirs et d'avoir du plaisir.

Pour télécharger votre image

- Cliquez sur l'image pour l'agrandir
- Cherchez l'icône de téléchargement situé en haut à gauche. (appuyez sur la flèche de retour située dans le haut de l'écran de Gemini). Sachez que les versions mobiles et ordinateurs sont très similaires.

Figure 40 - Gemini - Capture d'écran d'un agrandissement photo sur ordinateur

La photo sera automatiquement enregistrée dans le dossier de téléchargements de votre ordinateur, ou dans votre photothèque si vous êtes sur mobile.

Compétences acquises dans cet exercice

Après cet exercice, vous savez :

✅ Créer des images personnalisées à partir de descriptions

✅ Générer des souvenirs visuels même sans photos

✅ Télécharger et partager vos créations

✅ Demander des ajustements pour perfectionner l'image

✅ Utiliser Gemini comme artiste personnel

FÉLICITATIONS ! Vous venez de découvrir comment Gemini transforme vos souvenirs en images.

Exercice 2 - Traduire un menu de restaurant

Gemini peut photographier un menu dans une autre langue et vous le traduire instantanément en français québécois clair. C'est parfait pour comprendre ce que vous commandez au restaurant.

Ce que Gemini fait pour vous

- Lit le texte sur vos photos
- Traduit des menus de restaurants photographiés
- Explique les plats inconnus en français simple
- Identifie les allergènes ou ingrédients spécifiques

Pourquoi cet exercice est-il utile

Vous apprendrez à utiliser Gemini pour comprendre les menus dans d'autres langues sans avoir à demander de l'aide. C'est pratique au restaurant, en voyage ou pour lire n'importe quel texte photographié (étiquettes de produits, panneaux, documents).

Situation d'exercice

Vous êtes dans un restaurant français à New York avec vos petits-enfants, mais le menu est principalement en anglais et vous ne comprenez pas certains plats.

Phrase à copier dans Gemini

« Je suis un aîné québécois et je suis au restaurant. Regarde cette photo de menu en anglais et explique-moi en français simple ce que chaque plat contient. »

Étapes détaillées :

ÉTAPE 1 : Ouvrez Gemini sur votre téléphone intelligent
Ouvrez l'application Gemini ou allez sur gemini.google.com dans votre navigateur mobile.

> **Bon à savoir :** Cet exercice fonctionne mieux sur mobile (téléphone intelligent ou tablette), car vous aurez besoin de la caméra. Vous pouvez aussi le faire sur ordinateur si vous avez une webcam ou si vous transférez une photo.

ÉTAPE 2 : Repérez l'icône « + »
En bas de l'écran, à la gauche de la barre de saisie, vous verrez « + ». Appuyez dessus et découvrez les icônes permettant d'attacher des photos et documents à votre question.

ÉTAPE 3 : Cliquez sur « Appareil photo »

En cliquant sur le « + », un sous-menu s'ouvrira avec plusieurs options :

- Appareil photo (caméra)
- Importer des fichiers
- Google Drive
- Google Photo
- NotebookLM

Choisissez « Appareil photo » si vous êtes au restaurant, ou « photo » si vous avez déjà pris la photo.

ÉTAPE 4 : Photographiez le menu

Prenez une photo claire du menu. Assurez-vous que :

- Le texte est bien lisible
- L'éclairage est suffisant
- La photo n'est pas floue

Astuce : Vous pouvez photographier une section du menu à la fois si le texte est petit.

ÉTAPE 5 : Copiez la phrase dans Gemini

Une fois la photo envoyée, tapez ou collez la phrase ci-dessus dans la barre de saisie. Ainsi, votre message à Gemini devrait ressembler à ceci : **[Photo du menu]** « Je suis au restaurant et le menu est dans une autre langue. Traduis-moi ce menu en français québécois et explique-moi les plats. »

ÉTAPE 6 : Envoyez

Appuyez sur **Entrée** ou cliquez sur le bouton flèche (→).

ÉTAPE 7 : Attendez quelques secondes

Gemini analyse la photo et traduit le texte.

> 💡 **Bon à savoir :** SI vous faites cette démarche avant de vous rendre au restaurant, il vous est possible de soumettre l'adresse du site web où se trouve la page contenant le menu. Dans ce cas la phrase à copier ressemblera à :
>
> « Ce menu est dans une autre langue. Traduis-moi ce menu en français québécois et explique-moi les plats. Voici le menu : https://www.gknyc.com/menu-lunch »

Résultat attendu pour l'exercice 2

Gemini vous donnera :

- ✅ Une traduction complète du menu en français québécois
- ✅ Des explications sur les plats que vous ne connaissez pas
- ✅ Une liste claire des options disponibles
- ✅ Des réponses à vos questions sur les ingrédients

Exemple de résultat que vous pourriez recevoir :

Considérons le menu suivant du lunch du restaurant GKNYC de New York, disponible sur https://www.gknyc.com/menu-lunch.

Figure 41 - Représentation fictive du menu de menu lunch du restaurant GKNYC de NY

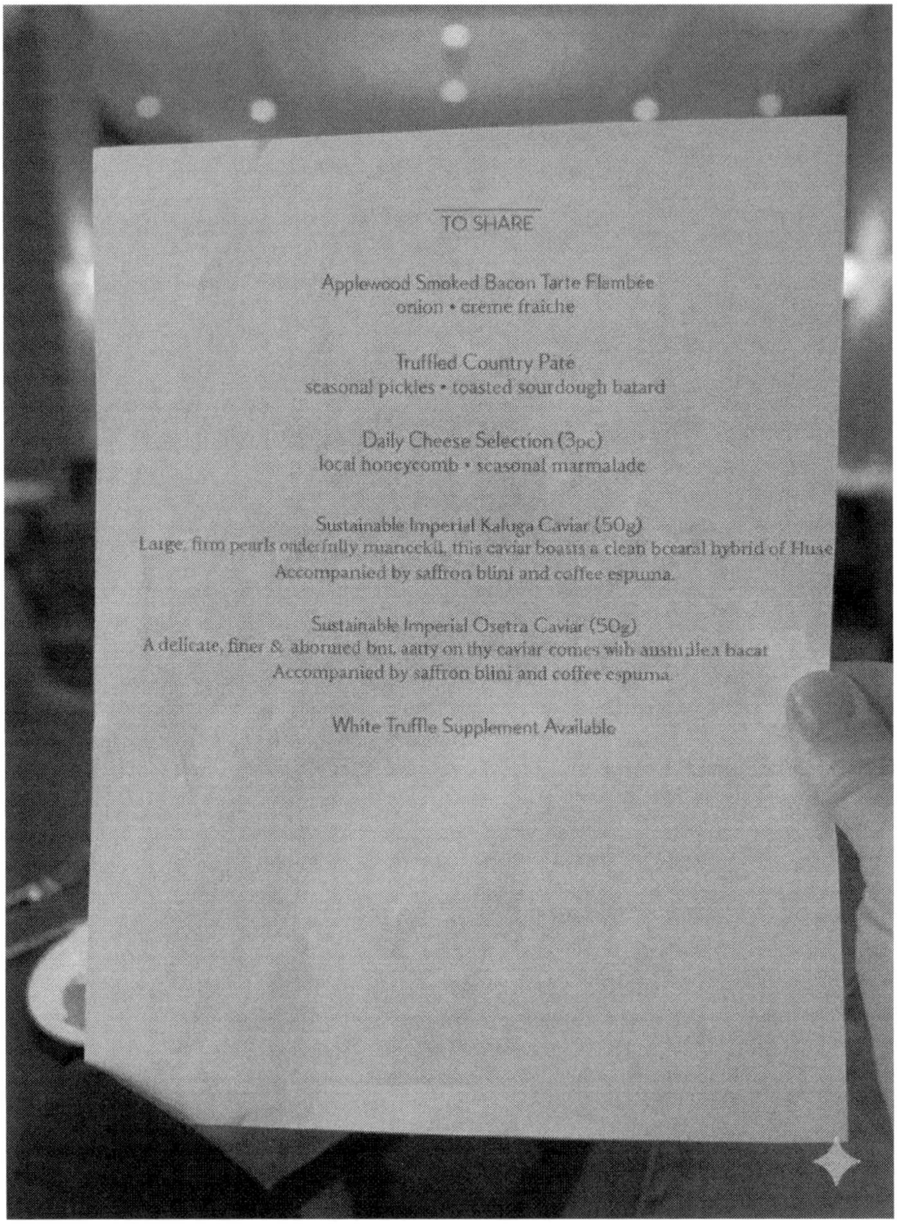

Appliquons maintenant les étapes présentées ci-haut et voici le résultat de notre requête auprès de Gemini.

Voici le résultat Gemini :

« Bonjour ! C'est un menu qui propose de très beaux produits, parfaits pour partager en début de repas. Voici une explication simple de ce qu'on vous propose :

Menu "À Partager"

Tarte Flambée au bacon fumé : C'est une sorte de pizza très fine et croustillante, originaire d'Alsace. Elle est garnie de lardons fumés, d'oignons et de crème fraîche.

- Pâté de campagne truffé : Un pâté de viande classique, mais parfumé à la truffe (un champignon de luxe). Il est servi avec des petits légumes marinés (pickles) et des tranches de pain au levain grillées.

- Sélection de fromages du jour (3 morceaux) : Un plateau de trois fromages accompagné de miel local (avec le rayon de miel) et d'une marmelade de fruits de saison.

- Caviar Imperial Kaluga (50 g) : Ce sont de gros grains de caviar fermes avec un goût de beurre. On le sert avec des petites crêpes au safran (blinis) et une mousse légère au café.

- Caviar Imperial Osetra (50 g) : Un caviar plus délicat et fin que le précédent. Il est aussi servi avec les blinis au safran et la mousse au café.

> Note : Le menu indique aussi qu'il est possible d'ajouter
> un supplément de truffes blanches sur vos plats si vous le désirez.
>
> Souhaitez-vous que je vous aide à choisir un plat en fonction de vos goûts ou que je vous explique un ingrédient plus en détail ? »

Pour aller plus loin (optionnel)

Une fois que vous avez la traduction, vous pouvez poser des questions de suivi dans la MÊME conversation :

Exemples de questions de suivi :

- « Quel plat est sans gluten ? »
- « Lequel est le moins épicé ? »
- « Y a-t-il des options végétariennes ? »
- « Lequel recommandes-tu pour quelqu'un qui n'aime pas les fruits de mer ? »

Gemini répondra en tenant compte du menu qu'il vient de traduire.

Continuons avec notre exemple du GKNYC de New York. Faisons un suivi avec Gemini en lui demandant « Identifie un plat dans ce menu qui est le moins épicé et serait bien pour moi qui fait du diabète. »

Gemini répondra à notre requête avec ceci :

« Pour un régime adapté au diabète, l'objectif est de limiter les sucres rapides (miel, confiture) et les glucides simples (pâte fine, pain blanc).

Dans ce menu, le plat qui aura le moins d'impact sur votre glycémie (taux de sucre) est :

Le Pâté de Campagne truffé

Pourquoi ce choix pour un diabétique ?

- Très faible en sucre : Contrairement aux fromages servis avec du miel et de la marmelade, le pâté est composé principalement de protéines et de gras.
- Moins de glucides : Si vous mangez le pâté avec seulement une petite bouchée de pain (le bâtard de sourdough), vous contrôlez beaucoup mieux votre apport en glucides que si vous mangez une Tarte Flambée (qui a une grande surface de pâte).
- Non épicé : C'est un plat savoureux grâce à la truffe, mais absolument pas piquant ou relevé.

Les plats à surveiller ou éviter :

1. La Sélection de Fromages : Le fromage en soi est correct, mais ce plat est servi avec du miel et de la marmelade, ce qui représente beaucoup de sucre pur.

2. La Tarte Flambée : La pâte est faite de farine blanche qui se transforme rapidement en sucre dans le sang.
3. Le Caviar : Bien que sans sucre, il est servi avec des blinis (petites crêpes) et une mousse qui peuvent contenir des glucides cachés.

Mon conseil : Choisissez le Pâté de campagne, mais essayez de ne manger qu'une seule tranche du pain grillé fourni. Les petits légumes marinés (pickles) qui l'accompagnent sont excellents, car ils n'ont pratiquement aucun impact sur le sucre.

Est-ce que vous voulez que je vous aide à traduire une demande spéciale pour le serveur, comme demander de remplacer le miel par quelques noix ? »

La dernière phrase de la réponse indique comment Gemini peut vous aider dans votre démarche. N'hésiter pas à lui demande autre chose afin de faciliter votre aventure culinaire.

Autres utilisations de la traduction par photo avec Gemini :

- « Traduis cette étiquette de produit en français. » (épicerie)
- « Explique-moi ce panneau routier en anglais. » (en voyage)
- « Je suis dans une épicerie asiatique. Qu'est-ce que c'est cet ingrédient sur l'emballage ? »
- « Traduis ce contrat en français et résume les points importants. »
- « Qu'est-ce qui est écrit sur cette vieille lettre manuscrite ? »

💡 **Astuce :** Gemini peut traduire de l'anglais, de l'espagnol, de l'italien, du chinois, et bien d'autres langues vers le français !

Compétences acquises dans cet exercice

Après cet exercice, vous savez :

- ☑ Photographier un menu et le traduire instantanément
- ☑ Comprendre des plats dans une langue étrangère
- ☑ Identifier les allergènes et restrictions alimentaires
- ☑ Poser des questions de suivi pour clarifier
- ☑ Utiliser Gemini comme traducteur visuel personnel

FÉLICITATIONS ! Vous venez de découvrir comment Gemini brise les barrières linguistiques au restaurant.

Exercice 3 - Analyser vos symptômes avant une visite médicale

Gemini peut vous aider à structurer vos symptômes et à préparer des questions claires avant un rendez-vous médical. C'est parfait pour ne rien oublier et communiquer efficacement avec votre médecin.

Ce que Gemini fait pour vous

- Organise vos symptômes de façon claire et logique
- Prépare une liste de questions pertinentes pour le médecin
- Structure vos informations médicales pour faciliter la consultation
- Aide à classer vos symptômes par ordre d'importance

Pourquoi cet exercice est-il utile?

Vous apprendrez à utiliser Gemini pour préparer vos rendez-vous médicaux sans oublier de détails importants. C'est rassurant de savoir que vous avez tout noté et que vous pourrez expliquer clairement vos préoccupations au médecin.

Situation d'exercice

Vous avez rendez-vous avec votre médecin demain. Vous avez eu des douleurs au genou, de la fatigue et des difficultés à dormir. Vous voulez préparer une liste claire pour ne rien oublier.

Phrase à copier dans Gemini

« Je suis un aîné québécois et j'ai rendez-vous chez le médecin demain. Aide-moi à organiser mes symptômes de façon claire et prépare-moi des questions à poser. Mes symptômes : Douleur au genou droit depuis 2 semaines, Fatigue inhabituelle depuis 1 mois, Difficulté à m'endormir le soir. »

Étapes détaillées :

ÉTAPE 1 : Notez vos symptômes sur papier

Avant d'ouvrir Gemini, prenez quelques minutes pour noter tout ce qui vous préoccupe :

- Douleurs (où, depuis quand, intensité)
- Fatigue ou manque d'énergie
- Problèmes de sommeil
- Changements d'appétit
- Autres observations inhabituelles

ÉTAPE 2 : Ouvrez Gemini

Allez sur gemini.google.com dans votre navigateur ou ouvrez l'application Gemini.

ÉTAPE 3 : Copiez la phrase dans Gemini

Tapez ou collez la phrase ci-dessus dans la barre de saisie.

ÉTAPE 4 : Personnalisez avec VOS symptômes

Remplacez les exemples par vos propres symptômes. Soyez précis :

- Depuis combien de temps (jours, semaines, mois)
- À quel moment de la journée
- Ce qui améliore ou aggrave le symptôme

Ainsi, votre message à Gemini pourrait ressembler à ceci :

« Je suis un aîné québécois et j'ai rendez-vous chez le médecin demain. Aide-moi à organiser mes symptômes de façon claire et prépare-moi des questions à poser.

Mes symptômes :

- Douleur au genou droit depuis 2 semaines, pire le matin
- Fatigue inhabituelle depuis 1 mois, surtout l'après-midi
- Difficulté à m'endormir le soir, je me réveille souvent vers 3 h
- Moins d'appétit depuis 10 jours »

ÉTAPE 5 : Envoyez

Appuyez sur **Entrée** sur votre clavier ou cliquez sur le bouton flèche ➤.

ÉTAPE 6 : Attendez quelques secondes

Gemini structure vos symptômes et prépare des questions pour le médecin.

Résultat attendu pour l'exercice 3

Gemini vous donnera :

✅ Une liste structurée de vos symptômes classés par importance

✅ Des questions pertinentes à poser au médecin

✅ Un format clair et facile à lire pour le rendez-vous

✅ Des précisions sur ce que le médecin pourrait vous demander

Exemple de résultat pour l'exercice 3 :

C'est une excellente initiative. Pour un médecin, une information bien organisée permet souvent d'arriver à un meilleur diagnostic plus rapidement. Voici une structure claire que vous pouvez imprimer ou recopier pour votre rendez-vous de demain, suivie de questions pertinentes.

Résumé de mes symptômes (pour le médecin)

1. Douleur physique : Genou droit

- Durée : Depuis 2 semaines.
- Caractéristique : La douleur est plus intense le matin au réveil (raideur).
- Impact : Est-ce que cela vous empêche de marcher ou de monter les escaliers ? (Précisez-le au médecin)

2. Niveau d'énergie : Fatigue

- Durée : Depuis 1 mois.
- Moment : Surtout marquée en après-midi.

- Contexte : Est-ce une fatigue qui vous oblige à faire une sieste ?

3. Sommeil : Insomnie et réveils nocturnes

- Difficulté initiale : Long à s'endormir le soir.
- Réveil précoce : Réveils fréquents durant la nuit, particulièrement vers 3 h du matin.

Note : Précisez si vous arrivez à vous rendormir ou non.

4. Appétit : Diminution

- Durée : Depuis 10 jours.
- Détails : Moins de plaisir à manger ou sensation de satiété (être plein) trop rapide.

Questions à poser à votre médecin

Voici 4 questions clés pour bien comprendre la suite des choses :

1. Sur la cause : « Est-ce que ma douleur au genou pourrait être liée à de l'arthrose ou est-ce inflammatoire, étant donné que c'est pire le matin ? »
2. Sur le lien entre les symptômes : « Est-ce que ma fatigue et ma perte d'appétit pourraient être liées à mon manque de sommeil, ou devrions-nous faire une prise de sang pour vérifier d'autres causes (comme le fer, la thyroïde ou le sucre) ? »
3. Sur le traitement : « Qu'est-ce que je peux prendre pour soulager mon genou sans que cela irrite mon estomac ou interfère avec mes autres médicaments ? »
4. Sur le suivi : « Si mes symptômes ne s'améliorent pas dans les deux prochaines semaines, quelle devrait être la prochaine étape ? »

> Petit conseil pour demain :
> - Apportez votre liste de médicaments à jour (votre pharmacien peut vous en imprimer une si vous ne l'avez pas).
> - N'hésitez pas à écrire les réponses du médecin sur une feuille, car on oublie souvent les détails une fois sorti du bureau.
> - Est-ce que vous aimeriez que j'ajoute un rappel à votre calendrier ou que je crée une tâche pour ne pas oublier votre liste de médicaments ? »

Pour aller plus loin (optionnel)

Une fois que vous avez votre liste organisée, vous pouvez demander des ajustements dans la MÊME conversation :

Exemples de questions de suivi :

- « Ajoute que j'ai aussi des maux de tête le soir. »
- « Simplifie les questions, rends-les plus courtes. »
- « Rends la liste plus courte, garde seulement l'essentiel. »
- « Ajoute une section pour noter ce que le médecin me répond. »

Autres situations où Gemini peut vous aider à préparer des rendez-vous :

- « Aide-moi à préparer une liste de mes médicaments actuels pour le pharmacien. »

- « Organise mes questions pour mon rendez-vous chez l'ophtalmologiste. »
- « Résume mes symptômes d'allergies pour le médecin. »
- « Prépare-moi une liste de mes antécédents médicaux familiaux. »

💡 **Astuce :** Imprimez ou notez cette liste sur papier pour l'apporter à votre rendez-vous. Vous pouvez aussi prendre une capture d'écran sur votre téléphone intelligent.

⚠️ **IMPORTANT :** Gemini ne remplace jamais un médecin. Utilisez-le uniquement pour organiser vos pensées avant votre rendez-vous. Toutes les décisions médicales doivent être prises avec votre médecin.

Compétences acquises dans cet exercice

Après cet exercice, vous savez :

✅ Organiser vos symptômes de façon claire et structurée

✅ Préparer des questions pertinentes pour le médecin

✅ Structurer vos informations médicales efficacement

✅ Ne rien oublier lors de vos rendez-vous importants

✅ Utiliser Gemini comme assistant de préparation médicale

FÉLICITATIONS ! Vous venez de découvrir comment Gemini vous aide à mieux communiquer avec votre médecin.

Exercice 4 - Planifier un voyage en autobus

Gemini peut vous aider à trouver les horaires d'autobus, les trajets de transport en commun et les directions pour vous rendre quelque part ; même si vous ne connaissez pas bien la région.

Ce que Gemini fait pour vous

- Trouve les trajets de transport en commun (STM, exo, RTC, STO)
- Donne les horaires et correspondances
- Explique les étapes du trajet simplement
- Indique les coûts approximatifs du transport

Pourquoi cet exercice est-il utile ?

Vous habitez à Terrebonne et vous voulez vous rendre au centre-ville de Montréal en autobus demain matin vers 10 h. Vous ne connaissez pas bien les lignes d'autobus et de métro.

Situation d'exercice

Vous habitez à Mascouche et voulez visiter votre petite-fille qui habite à Longueuil, mais vous ne conduisez plus. Vous voulez savoir comment y aller en autobus, combien ça coûte, et combien de temps ça prend.

Phrase à copier dans Gemini

« Je suis un aîné québécois et j'ai besoin d'aide pour le transport en commun. Comment me rendre de Terrebonne au centre-ville de Montréal en autobus demain matin vers 10 h ? Explique-moi les étapes simplement. »

Étapes détaillées :

ÉTAPE 1 : Identifiez votre trajet

Notez sur papier :

- Votre point de départ (adresse ou quartier)
- Votre destination (adresse ou quartier)
- L'heure approximative souhaitée
- Le jour (aujourd'hui, demain, un jour spécifique)

ÉTAPE 2 : Ouvrez Gemini

Allez sur gemini.google.com dans votre navigateur ou ouvrez l'application Gemini.

ÉTAPE 3 : Copiez la phrase dans Gemini

Tapez ou collez la phrase ci-dessus dans la barre de saisie.

ÉTAPE 4 : Personnalisez votre trajet

Remplacez « Terrebonne » et « centre-ville de Montréal » par votre vrai point de départ et destination. Changez aussi l'heure selon vos besoins.

Ainsi, votre message à Gemini pourrait ressembler à ceci :

« Je suis un aîné québécois et j'ai besoin d'aide pour le transport en commun. Comment me rendre de Terrebonne, Québec (près du cinéma Guzzo) à l'hôpital Sacré-Cœur à Montréal en autobus demain matin. Je dois être à l'hôpital vers 10 h ? Explique-moi les étapes simplement incluant les détails de paiement. Je suis nerveux de ce déplacement. »

ÉTAPE 5 : Envoyez

Appuyez sur **Entrée** sur votre clavier ou cliquez sur le bouton flèche ➤.

ÉTAPE 6 : Attendez quelques secondes

Gemini cherche les meilleures options de transport pour vous.

Résultat attendu pour l'exercice 4

Gemini vous donnera :

✅ Un trajet détaillé avec les numéros d'autobus ou de métro

✅ Les horaires approximatifs de départ et d'arrivée

✅ Les correspondances expliquées étape par étape

✅ Le coût approximatif du trajet

Voici un exemple de résultat pour l'exercice 4 :

« Il est tout à fait normal de se sentir nerveux pour un tel trajet, mais ne vous inquiétez pas : le réseau de transport est bien organisé pour vous amener à destination.

Puisque vous êtes un aîné (65 ans et plus), vous bénéficiez de tarifs réduits, ce qui est une bonne nouvelle ! Voici votre itinéraire étape par étape pour arriver à l'Hôpital Sacré-Cœur vers 10 h demain matin.

1. L'itinéraire suggéré

Pour arriver à temps, vous devriez quitter le secteur du Cinéma Guzzo vers 8 h 15.

Étape 1 : Le bus local (Exo Terrebonne) Prenez l'autobus ligne 11 (ou une ligne locale menant au Terminus Terrebonne) à l'arrêt le plus proche du Cinéma Guzzo (souvent sur le Chemin du Coteau).

Étape 2 : Le bus express vers Montréal Au Terminus Terrebonne, prenez la ligne 400 (Express Montréal - Métro Henri-Bourassa). C'est un grand bus bleu confortable qui emprunte l'autoroute.

Étape 3 : Le métro Descendez au terminus Métro Henri-Bourassa. Suivez les indications pour le métro (Ligne Orange) en direction de la station Côte-Vertu.

Étape 4 : Le dernier bus vers l'hôpital Descendez à la station de Métro Henri-Bourassa (ou plus simplement, prenez le bus 69 Ouest ou 171 Ouest directement au terminus Henri-Bourassa). Le bus 69 Gouin Ouest vous déposera directement devant l'Hôpital Sacré-Cœur (5400, boul. Gouin Ouest).

2. Comment payer (Détails importants)

Le trajet traverse deux zones différentes (Zone C pour Terrebonne et Zone A pour Montréal).

Le titre "Tous modes ABC" : Comme vous allez de la Couronne Nord (Zone C) vers Montréal (Zone A), vous avez besoin d'un titre "Tous modes ABC".

Tarif Aîné : Demandez le tarif pour 65 ans et plus. Un passage simple coûte environ 2,75 $ (si vous avez une carte OPUS avec photo) ou vous pouvez payer comptant dans le bus (prévoyez la monnaie exacte, environ 3,75 selon le transporteur si vous n'avez pas de carte).

La Carte OPUS : Si vous avez une carte OPUS avec photo (tarif réduit), vous pouvez y charger des passages "Tous modes ABC" à l'avance au terminus Terrebonne. C'est l'option la moins stressante.

3. Mes conseils pour moins de stress

Arrivez tôt : Soyez à l'arrêt de bus à Terrebonne 10 minutes avant l'heure prévue.

Demandez de l'aide : Les chauffeurs d'Exo et de la STM sont habitués d'aider les gens. Dites simplement au chauffeur : "Bonjour, je vais à l'Hôpital Sacré-Cœur, pouvez-vous me dire quand descendre ?"

L'application mobile : Si vous avez un téléphone intelligent, l'application "Chrono" ou "Transit" vous montre en temps réel où est votre bus.

Résumé du trajet : Voir l'itinéraire sur la carte

Respirez bien, tout va bien se passer. Les bus vers Montréal sont fréquents à cette heure-là ! Avez-vous besoin que je précise l'emplacement exact d'un arrêt ? »

Pour aller plus loin (optionnel)

Une fois que vous avez votre trajet, vous pouvez poser des questions de suivi dans la MÊME conversation :

Exemples de questions de suivi :

- « Combien ça coûte exactement ? »
- « Y a-t-il un trajet plus court ? »
- « Est-ce que je peux y aller en métro seulement ? »
- « Comment revenir à Terrebonne après 17 h ? »
- « Où puis-je acheter une carte Opus ? »

Autres trajets que vous pouvez demander à Gemini :

- « Comment me rendre à l'hôpital Sacré-Cœur en autobus depuis Laval ? »
- « Quel est le trajet le plus rapide pour aller au Vieux-Port de Montréal en métro ? »
- « Je veux aller à Québec en autobus. Quelles sont mes options ? »
- « Comment revenir de Longueuil à Brossard après 20 h ? »
- « Quel autobus me mène au CLSC de mon quartier ? »

Astuce : Vous pouvez aussi demander des alternatives si l'horaire ne vous convient pas : « Propose-moi un trajet qui part vers 11 h au lieu de 10 h »

Compétences acquises dans cet exercice

Après cet exercice, vous savez :

✅ Trouver des trajets de transport en commun facilement

✅ Comprendre les horaires et correspondances

✅ Planifier vos déplacements en toute confiance

✅ Connaître les coûts et les options de transport

✅ Utiliser Gemini comme guide de transport personnel

FÉLICITATIONS ! Vous venez de découvrir comment Gemini vous aide à naviguer le transport en commun.

Exercice 5 - Vérifier des arnaques et escroqueries potentielles

Gemini peut analyser des messages suspects et vous dire si c'est probablement une arnaque. C'est important pour protéger votre argent et vos informations personnelles en ligne.

Ce que Gemini fait pour vous

- Identifie les signaux d'alerte d'une arnaque (courriels, textos, appels)
- Explique les tactiques courantes des arnaqueurs
- Vous donne des conseils pour protéger vos comptes et vos informations
- Analyse des offres douteuses ou trop belles pour être vraies

Pourquoi cet exercice est-il utile?

Vous apprendrez à utiliser Gemini pour vérifier si un message ou une offre est légitime avant d'agir. C'est rassurant de savoir que vous avez un allié qui peut vous protéger contre les fraudes et les escroqueries.

Situation d'exercice

Vous avez reçu un courriel affirmant que vous avez gagné 500 $ au casino en ligne, mais vous n'avez jamais joué là-bas. Vous êtes confus et hésitant. C'est peut-être une arnaque, mais vous n'en êtes pas certain.

Phrase à copier dans Gemini

« Je suis un aîné québécois et j'ai reçu ce message. Est-ce que c'est une arnaque ? Explique-moi les signaux de danger.

[Collez le message suspect ici] »

Étapes détaillées :

ÉTAPE 1 : Identifiez le message suspect

Avant d'ouvrir Gemini, repérez le message qui vous semble étrange :

- Courriel d'une compagnie inconnue
- Texto demandant vos informations bancaires
- Appel prétendant être du gouvernement
- Offre trop belle pour être vraie

ÉTAPE 2 : Copiez le message suspect

Si c'est un courriel ou un texto :

- Sélectionnez tout le texte du message
- Faites un clic droit et choisissez « Copier »
- Ou sur téléphone intelligent : appuyez longuement et sélectionnez « Copier »

Pour copier un message, consultez la Section 2 du Chapitre 3 qui vous montre comment le faire étape par étape.

ÉTAPE 3 : Ouvrez Gemini

Allez sur gemini.google.com dans votre navigateur ou ouvrez l'application Gemini.

ÉTAPE 4 : Copiez la phrase dans Gemini

Tapez ou collez la phrase ci-dessus dans la barre de saisie.

ÉTAPE 5 : Collez le message suspect

Après la phrase, collez le message complet que vous avez reçu.

Ainsi, votre message à Gemini pourrait ressembler à ceci :

« Je suis un aîné québécois et j'ai reçu ce message. Est-ce que c'est une arnaque ? Explique-moi les signaux de danger.

"FÉLICITATIONS ! Vous avez gagné 500 $ au Casino Royal en ligne ! Pour réclamer votre prix, cliquez sur ce lien dans les 24 heures et entrez vos informations bancaires : casinoarnaque.com/gagnant". »

Ou

« Je suis un aîné québécois et j'ai reçu ce message. Est-ce une arnaque ? Explique-moi les signaux de danger : "Bonjour, c'est Revenu Québec. Vous devez 1 500 $ en taxes impayées. Cliquez ici pour payer immédiatement ou votre compte sera gelé." »

ÉTAPE 6 : Envoyez

Appuyez sur **Entrée** sur votre clavier ou cliquez sur le bouton flèche ➤.

ÉTAPE 7 : Attendez quelques secondes

Gemini analyse le message et identifie les signaux de danger.

Résultat attendu pour l'exercice 5

Gemini vous donnera :

- ✅ Une réponse claire : arnaque probable ou message légitime
- ✅ Les signaux de danger identifiés dans le message
- ✅ Une explication de la tactique utilisée par les arnaqueurs
- ✅ Des conseils sur quoi faire (ne pas cliquer, supprimer, bloquer)

Exemple de résultat que vous pourriez recevoir :

« ANALYSE DU MESSAGE : 🚨 C'EST UNE ARNAQUE PROBABLE.

SIGNAUX DE DANGER IDENTIFIÉS :

Urgence de 24 heures — Les arnaqueurs vous pressent pour que vous ne réfléchissiez pas. Les vraies compagnies vous donnent plus de temps.

Demande d'informations bancaires par courriel — AUCUNE entreprise légitime ne demande vos informations bancaires par courriel ou par texto. Jamais.

Casino inconnu — Vous n'avez jamais joué dans ce casino, donc il est impossible que vous ayez gagné quelque chose.

Gagnant inexplicable — Comment auriez-vous « gagné » un prix sans avoir participé à un concours ou sans avoir joué ?

Lien suspect — L'adresse web (www.casino-arnaque.com) ne semble pas officielle et pourrait voler vos informations.

EXPLICATION DE LA TACTIQUE :

Les arnaqueurs envoient ces messages à des milliers de personnes par jour. Ils espèrent que quelques-uns, excités par l'idée de gagner de l'argent, cliqueront sur le lien sans réfléchir et donneront leurs informations bancaires.

Une fois qu'ils ont accès à vos données (numéro de carte de crédit, mot de passe, NAS), ils peuvent :
- Vider votre compte bancaire
- Faire des achats en votre nom
- Voler votre identité

QUOI FAIRE MAINTENANT ?

❌ Ne cliquez JAMAIS sur le lien

🗑 Supprimez le message immédiatement

🚫 Bloquez l'expéditeur (option dans votre boîte courriel)

⚠️ Ne répondez pas au message (même pour dire « non merci »)

📞 Si vous avez cliqué sur le lien, contactez votre banque IMMÉDIATEMENT pour sécuriser votre compte

💡 RÈGLES D'OR POUR ÉVITER LES ARNAQUES :

- Si une offre semble trop belle pour être vraie, c'est probablement une arnaque
- Les vraies compagnies ne demandent JAMAIS vos informations sensibles par courriel
- Prenez toujours le temps de vérifier avant de cliquer
- En cas de doute, demandez à quelqu'un de confiance ou utilisez Gemini

Pour aller plus loin (optionnel)

Une fois que vous avez l'analyse, vous pouvez poser des questions de suivi dans la MÊME conversation :

Exemples de questions de suivi :

- « Comment puis-je reconnaître un vrai courriel de ma banque ? »
- « Qu'est-ce que je fais si j'ai déjà cliqué sur le lien ? »
- « Comment bloquer cet expéditeur dans Gmail ? »
- « Est-ce que je devrais signaler cette arnaque à quelqu'un ? »

Autres types de messages suspects que vous pouvez vérifier avec Gemini :

- « J'ai reçu un texto disant que mon colis est bloqué à la douane et je dois payer 50 $. Est-ce une arnaque ? »
- « Quelqu'un m'a appelé en se faisant passer pour Revenu Québec. Comment savoir si c'est vrai ? »
- « J'ai reçu un courriel de ma banque demandant de vérifier mon compte. Est-ce légitime ? »
- « Un "technicien Microsoft" m'a appelé pour réparer mon ordinateur. Est-ce vrai ? »
- « On me demande d'envoyer 200 $ par virement Interac pour débloquer un prix. Est-ce normal ? »

⚠️ **RÈGLE D'OR :** Si vous êtes incertain, demandez **TOUJOURS** à une personne de confiance (vos enfants, petits-enfants, ami proche) ou à Gemini avant de réagir, de cliquer ou de donner des informations.

💡 **Astuce :** Vous pouvez aussi prendre une capture d'écran du message suspect et l'envoyer à Gemini comme photo. Il analysera l'image de la même façon !

Compétences acquises dans cet exercice

Après cet exercice, vous savez :

✅ Identifier les signaux d'alerte d'une arnaque

✅ Comprendre les tactiques des arnaqueurs

✅ Protéger vos informations bancaires et personnelles

✅ Savoir quoi faire face à un message suspect

✅ Utiliser Gemini comme garde de sécurité personnel

FÉLICITATIONS ! Vous venez de découvrir comment Gemini vous protège contre les arnaques.

Récapitulatif des 5 exercices Gemini

Ce que vous avez appris

Après ces 5 exercices, vous maîtrisez maintenant Gemini pour :

1. **Créer visuellement** — Transformer vos souvenirs et idées en images personnalisées
2. **Comprendre facilement** — Traduire instantanément menus, étiquettes et documents photographiés
3. **Vous préparer médicalement** — Organiser vos symptômes et préparer vos questions pour le médecin
4. **Vous déplacer en autonomie** — Trouver trajets d'autobus, métro et transport en commun
5. **Vous protéger en ligne** — Identifier et éviter les arnaques et escroqueries

Vous êtes maintenant autonome avec Gemini !

Avez-vous bien compris ? (Gemini)

1. **Pourquoi Gemini comprend-il bien les images ?**
   Réponse : Gemini analyse les photos que vous lui envoyez et peut les expliquer, les traduire ou les modifier selon votre demande.
2. **Puis-je parler à Gemini en français québécois ?**
   Réponse : Oui ! Il comprend parfaitement le français québécois et s'adapte à votre accent et vocabulaire local.
3. **Faut-il un compte Google pour utiliser Gemini ?**
   Réponse : Oui, mais c'est gratuit et rapide à créer si vous n'en avez pas déjà un.
4. **Comment demander une recette avec Gemini ?**
   Réponse : Dites simplement : « Recette de tourtière simple pour 4 personnes. »
5. **Si Gemini propose un plan ou une recette, comment l'ajuster ?**
   Réponse : Demandez des modifications : « Change pour 2 personnes et sans gluten. »

Conclusion — Les leçons de nos exercices Gemini

À travers ces exercices, vous avez découvert que Gemini est créatif, visuel et protecteur pour votre vie quotidienne. Vous savez maintenant utiliser Gemini pour créer des souvenirs, comprendre les menus, organiser vos symptômes, naviguer les transports et rester vigilant contre les arnaqueurs — avec photos ou texte.

Vos 5 gains essentiels

1. **Souvenirs numérisés** : Photos personnalisées de vos moments précieux, prêtes à imprimer ou partager
2. **Sorties simplifiées** : Menus traduits en français clair, restaurants sans mystère
3. **Santé organisée** : Symptômes classifiés, questions pour médecin préparées
4. **Mobilité indépendante** : Trajets d'autobus expliqués pas à pas (STM, exo, partout au Québec)
5. **Protection totale** : Arnaqueurs identifiés, sécurité renforcée, vigilance augmentée

Utilisez Gemini POUR : Créer des images, traduire des photos (menus, lettres), organiser vos pensées (symptômes, listes), naviguer les transports, vérifier les arnaques

Validez AVEC : Docteur, vos enfants ou petits-enfants, votre banque avant toute décision importante

Le grand enseignement : Gemini n'est pas un robot magique. C'est votre assistant visuel et créatif qui transforme vos idées en images, vos photos confuses en texte clair, et vos craintes en tranquillité d'esprit.

Bravo ! Vous êtes maintenant maître de Gemini. Prêt à explorer Perplexity avec la même confiance ?

6. Perplexity – Le Vérificateur de Faits

Découvrir Perplexity

Dans cette section, vous allez découvrir comment Perplexity peut vous aider à trouver des informations fiables et vérifiées :

- Consulter les actualités du Québec
- Vérifier les faits
- Résumer des articles
- Confirmer ce que vous avez lu ailleurs.

Chaque usage sera présenté avec un exemple concret et une phrase toute prête que vous pourrez simplement copier dans la zone de dialogue pour l'essayer vous-même.

Perplexity est l'outil d'IA spécialisé dans la recherche d'information fiable et la vérification de faits. Lancé en 2023, Perplexity combine les capacités de l'IA avec les sources web actuelles pour vous fournir des réponses appuyées par des liens cliquables. Contrairement à ChatGPT et Claude qui travaillent avec des connaissances « figées », Perplexity explore Internet en temps réel pour vous donner les informations les plus actuelles et vérifiées. C'est votre bibliothécaire personnel de confiance.

Évaluation de l'outil Perplexity

Perplexity excelle avec 9,2/10 grâce à sa fiabilité accrue : réponses toujours sourcées avec liens cliquables, actualités Québec à jour, recherches précises sans inventions. Idéal pour vos questions factuelles sérieuses.

Tableau Synthèse d'utilisation et d'évaluation Perplexity

CRITÈRES	NOTES	EXPLICATIONS
Gratuité	10/10	Utilisation gratuite illimitée, sans carte de crédit requise. Mode anonyme disponible.
Simplicité	10/10	Interface ultra-simple : grande barre de recherche, réponses immédiates avec sources cliquables.
Utilité au quotidien	9/10	Excellent pour vérifier les faits, consulter l'actualité Québec, résumer des articles, trouver des infos officielles.
Français	10/10	Parfaitement fluide en français québécois, sources locales prioritaires pour Québec et Canada.
Sécurité	10/10	Très sécuritaire, pas de compte obligatoire, conversations privées, ne stocke pas vos données personnelles.

Note globale : 9,2/10 - Un outil fiable, transparent et sécuritaire, parfait pour vérifier la vérité.

Perplexity ou ChatGPT ou Claude ou Gemini : lequel pour vous :

Imaginez **ChatGPT** comme votre « cousin joyeux » — parfait pour rigoler, inventer des histoires et trouver des idées créatives.

Claude, c'est votre « oncle professeur » — excellent pour les documents sérieux et l'analyse approfondie de textes importants.

Gemini, c'est votre « grand-mère numérique » — elle voit vos photos, vous parle à voix haute et crée des images pour vous.

Perplexity est votre **bibliothécaire de confiance** : il s'appuie sur des sources officielles, cite toujours ses références et vous montre clairement d'où provient chaque information. Impossible pour lui d'inventer des faits : il vérifie ce qui existe réellement sur Internet, puis vous en présente la synthèse avec des liens cliquables.

Il se distingue des autres outils parce qu'il combine leurs forces (explications claires, capacités de rédaction et d'analyse) tout en ajoutant une couche essentielle : la **vérification systématique des faits**. Si vous ne deviez choisir qu'un seul outil pour débuter en intelligence artificielle, Perplexity serait le candidat le plus fiable pour les informations sérieuses.

En arrière-plan, Perplexity s'appuie à la fois sur de grands modèles d'IA reconnus (comme ceux utilisés par ChatGPT ou Claude) et sur ses propres mécanismes de recherche pour analyser le web en temps réel.

On peut le voir comme une super-plateforme qui orchestre plusieurs intelligences pour vous offrir des réponses à la fois puissantes, claires et sourcées.

Où trouver Perplexity

Vous pouvez utiliser Perplexity GRATUITEMENT de trois façons principales :

- **Sans compte (mode anonyme/invité)** : Le plus simple pour débuter : allez à perplexity.ai et posez votre question immédiatement.
- **Avec un compte gratuit (Standard) :** Sauvegardez vos conversations, historique et collections sur perplexity.ai.
- **Avec l'application officielle Perplexity**, disponible sur téléphone intelligent et tablette (iPhone via App Store, Android via Google Play, Windows via Microsoft Store) ainsi que sur ordinateur.

Le fonctionnement reste le même partout : vous voyez une zone pour écrire votre question et un espace pour lire la réponse avec ses sources cliquables.

Votre compte et connexion à Perplexity

Maintenant que vous connaissez les gestes de base (Chapitre 3), créons ensemble votre compte Perplexity.

Créer votre compte Perplexity (5 minutes)

📌 Rappel : Vous avez déjà appris à ouvrir votre navigateur et taper une adresse au Chapitre 3. Si besoin, relisez cette section avant de continuer.

Particularité de Perplexity : Vous pouvez l'utiliser SANS créer de compte : Mais créer un compte gratuit vous permet de retrouver vos conversations et d'avoir plus de fonctionnalités.

Voici les différentes options de connexion :

Option 1 : Utiliser sans compte (pour essayer)

1. **Allez sur** perplexity.ai
2. **Commencez directement à poser des questions** dans la barre de recherche
3. Aucune inscription nécessaire :

💡 Limitation : Sans compte, vous perdez vos conversations quand vous fermez le navigateur.

Option 2 : Créer un compte (recommandé)

1. **Allez sur** perplexity.ai
2. **Choisissez votre méthode d'inscription :**

Vous voyez les trois (3) options de connexion familière suivantes :

Figure 42 - Perplexity— Capture d'écran - Écran de connexion

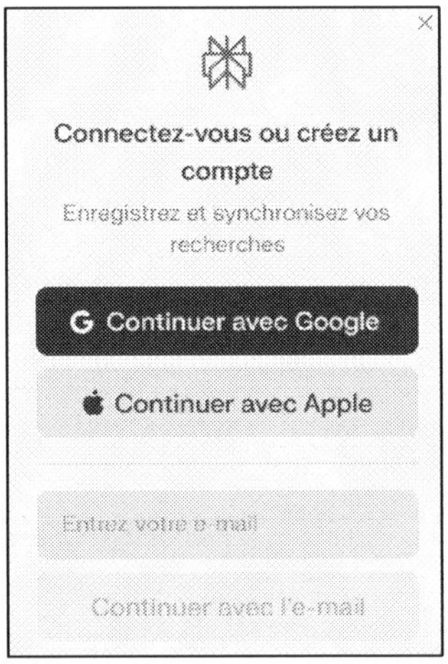

- **» Continuer avec Google »** → Si votre courriel est *@gmail.com*
- **« Continuer avec Apple »** → Si vous possédez un Iphone, Ipad ou ordinateur Mac.
- **« Adresse courriel »** → Pour *@videotron.ca*, *@yahoo.ca*, *@outlook*, *@hotmail.com*, etc.

Cliquez simplement sur celui correspondant à votre situation.

Rassurez-vous, ces trois (3) méthodes sont équivalentes : choisissez simplement celle qui correspond au compte que vous utilisez déjà au quotidien.

📌 **Rappel :** Nous utiliserons la version gratuite de Perplexity, qui ne nécessite **aucune carte de crédit**.

3. **Suivre les instructions ci-bas et à l'écran pour votre type de connexion :**
   - **Avec Google** (processus instantané) :
     - **Choisissez** votre compte Gmail
     - Cliquez « **Autoriser** »
     - Passez à l'étape 4.

   - **Avec Apple** (processus instantané) :
     - Cliquez sur « Continuez avec Apple »
     - Connectez-vous avec votre identifiant Apple
     - Choisissez si vous voulez partager votre courriel
     - Passez à l'étape 4.

   - **Avec courriel** (petit code de vérification) :
     - Entrez votre adresse courriel dans le champ (voir figure 40)
     - Cliquez « **Continuer avec le courriel** »
     - Créez un mot de passe (voir conseils Annexe A)
     - Un courriel de vérification vous sera envoyé
     - Ouvrez ce courriel et cliquez sur le lien de vérification
     - Passez à l'étape 4.

     Pas d'adresse courriel ? Pas de problème, consultez l'**Annexe A** pour des conseils et instructions à cet effet.

4. **Complétez votre profil (optionnel) :**
   - Perplexity peut vous demander votre nom
   - Vous pouvez aussi sauter cette étape

✅ C'est terminé : Votre compte Perplexity est actif et gratuit.

Se connecter les fois suivantes

Une fois votre compte créé, voici comment vous reconnecter :

1. Allez sur perplexity.ai
2. Cliquez sur « Log in » (Se connecter) en haut à droite
3. Choisissez la même méthode qu'à l'inscription (Google, Apple ou courriel)
4. Si courriel : entrez votre mot de passe

Notez que selon votre navigateur, vous pourriez rester connecté d'une session à l'autre. Dans ce cas, l'option « Se connecter » n'apparaîtra pas à l'écran.

Différence entre utiliser avec et sans compte

FONCTIONNALITÉS	SANS COMPTE	AVEC COMPTE GRATUIT
Accès immédiat	☑	☑
Toutes les fonctions de bases	☑	☑
Historique conservé	✕	☑
Plus de recherches par jour	✕	☑
Personnalisation possible	✕	☑
Accès Depuis n'importe quel Appareil	✕	☑
Recherche pro (limité)	✕	☑

Notre recommandation : Essayez d'abord sans compte pour voir si Perplexity vous plaît. Si oui, créez un compte pour garder vos conversations.

Se repérer dans l'écran de Perplexity

Dans cette section, nous découvrirons l'interface de Perplexity sur ordinateur et sur téléphone intelligent. Son design simple et épuré facilite la navigation. Les icônes et fonctions étant similaires d'une plateforme à l'autre, il est facile de s'y retrouver.

Perplexity ressemble beaucoup à Google, mais avec l'avantage que chaque réponse est accompagnée de sources vérifiées et cliquables. C'est comme avoir un assistant qui fait vos recherches ET qui vous montre ses sources.

Explication de l'interface (ordinateur)

Perplexity (ORDINATEUR) comprend 2 zones principales :

- **Zone de navigation (gauche)** qui vous permet d'accéder à vos conversations, collections et paramètres
- **Zone de recherche et réponse (centre)** qui vous permet de poser vos questions et de lire les réponses avec sources cliquables

Figure 43 - Capture d'écran de l'interface ordinateur de Perplexity

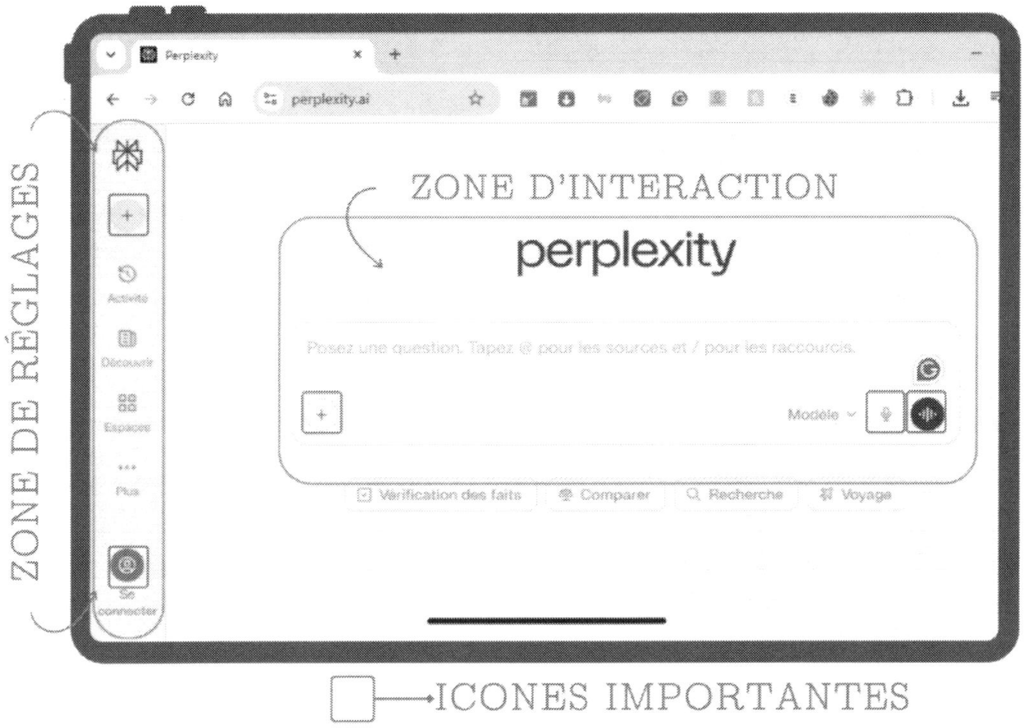

Explication de l'interface pour tablette et téléphone intelligent

Voici les principales zones de l'interface mobile de Perplexity :

- **La zone réglages** - pour accéder aux conversations, démarrer un nouveau chat et ouvrir les paramètres.
- **La zone Interaction** - où taper vos questions, envoyer des instructions et utiliser les options de saisie.
- **La zone réponse** - où apparaissent vos messages et les réponses de Perplexity.

Figure 44 - Capture d'écran de l'interface mobile de Perplexity

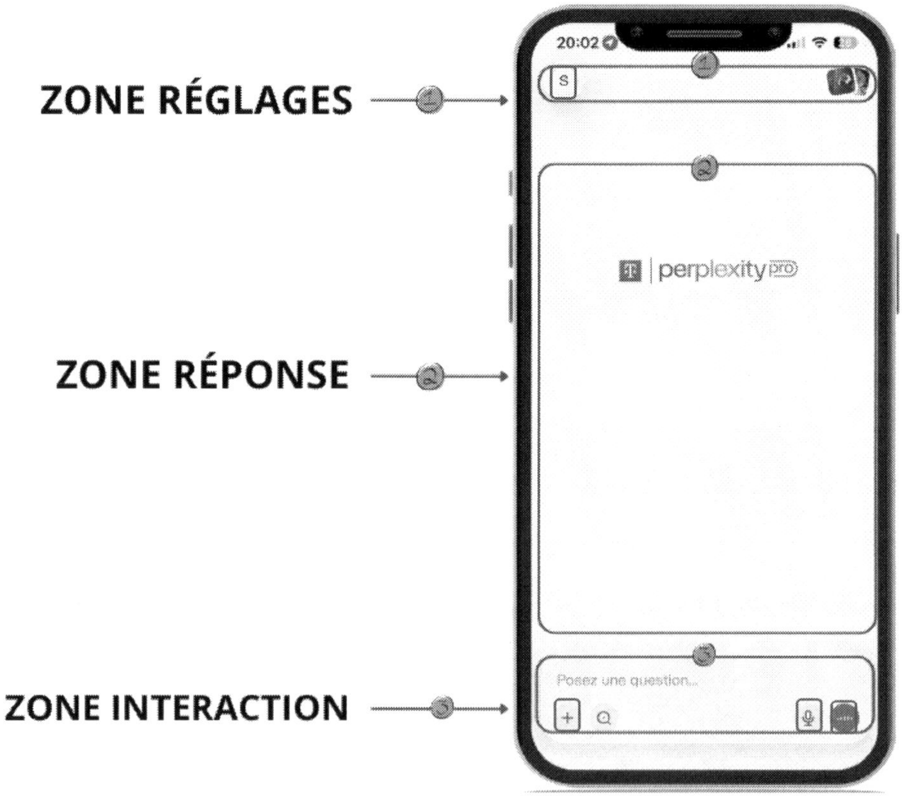

Introduction aux icônes

Sur l'écran de Perplexity, vous verrez plusieurs petits dessins appelés icônes. Ce sont des raccourcis qui vous permettent d'accomplir rapidement des tâches : lancer une nouvelle recherche, accéder à votre Bibliothèque, consulter les actualités, dicter votre question à voix haute, ajouter un fichier ou ouvrir les paramètres.

Ces petits symboles sont généralement situés en bas ou sur le côté de l'écran. Ils ressemblent à des petits dessins : un microphone pour parler, une icône de dossier pour ajouter un fichier, un engrenage pour les réglages, et une icône de bibliothèque pour retrouver vos conversations précédentes.

Pour débuter, vous n'avez besoin que des icônes essentielles : celle qui vous permet de commencer une nouvelle recherche, d'écrire votre question, de l'envoyer, et d'utiliser le microphone pour dicter. Les autres icônes, comme la Bibliothèque et les actualités, viendront plus tard, à mesure que vous explorerez Perplexity.

ICÔNES	NOMS	DESCRIPTIONS	EMPLACEMENT
	Nouvelle conversation	Permet de débuter sur une nouvelle page.	Située tout en haut à gauche de la page (zone de réglages). Sur mobile, cliquez simplement sur + situé en haut de la page sur la gauche.
	Attachement	Permet de soumettre un fichier/Photo à Perplexity	Cliquez sur + situé à gauche de la barre de saisie pour révéler .
	Mode dictée	Perplexity transcrit vos paroles dans la barre de saisie.	Située en bas à droite de la barre de saisie.
	Mode mains libres	Lorsqu'activé, Perplexity opère en mode conversation audio.	Située en bas à droite de la barre de saisie.
	Paramètres et réglages	Permet de changer la langue, le thème, vérifier l'abonnement et autres réglages.	**Sur Ordinateur** : voir zone de réglages **Sur téléphone et tablette** : cliquez sur votre initiale en haut à gauche de la zone de réglage.
	Historique	Lieu d'entreposage de toutes vos conversations passées	Situé dans la zone de réglage à la gauche de l'écran

FICHE TECHNIQUE
PERPLEXITY – LE VÉRIFICATEUR DE FAITS

Outil : Perplexity

Siteweb: perplexity.ai
Applications disponibles: Apple/Mac, Android, Windows

Qu'est-ce que Perplexity?
Perplexity est un moteur de recherche intelligent qui vérifie les faits et cite toujours ses sources. Il explore internet en temps réel pour vous donner des réponses fiables et actuelles avec des liens cliquables.

FONCTIONNALITÉS

À quoi ça sert?
- ☑ Vérifier la véracité d'une nouvelle
- ☑ Consulter les actualités
- ☑ Résumer les articles complexes
- ☑ Trouver des sources
- ☑ Étudier et apprendre avec sources académiques vérifiées
- ☑ Rechercher des conseils d'experts et professionnels

Forces:
- Vérification de faits avec sources citées
- Actualités en temps réel
- Recherches gouvernementales officielles,
- Recherche académique

À savoir ⚠
- Perplexity cite ses sources; vous pouvez toujours vérifier
- Il ne cite que ce qui existe sur internet
- Moins efficace pour générer des photos / contenu créatif
- Pas de compte obligatoire pour débuter
- Les réponses sont actualisées en temps réel
- Perplexity n'est pas une personne, c'est un outil de recherche

Créer un compte (une seule fois)
- Ouvrez perplexity.ai ou utilisez l'application Perplexity
- Cliquez sur « Créer un compte»
- Suivre les instructions

Se connecter
- Ouvrez perplexity.ai ou utilisez l'application
- Inscrivez votre compte
- Entrez votre mot de passe

COMMENT UTILISER

Posez une question → Appuyez sur «entrée» (clavier) → lisez la réponse → Demandez des clarifications

Comment poser une question?
Communiquez simplement, comme à une personne. Il n'y a pas de mauvaise question.

Structure des questions (prompts)
Rôle - Qui êtes vous? / Quel est le rôle de l'IA?
Tâche - Quel est le travail?
Format - Quel est le format de la réponse?
Ton adapté - Quel ton doit être utilisé?

LA VERSION DE BASE EST ENTIÈREMENT GRATUITE
AUCUNE CARTE DE CRÉDIT REQUISE

Exercices pratique avec Perplexity

Maintenant que vous comprenez comment fonctionne Perplexity, passons à l'action avec 5 exercices pratiques et concrets. Contrairement aux exercices des autres outils de ce livre, ces exercices Perplexity vous montreront comment utiliser l'intelligence artificielle pour prendre de meilleures décisions dans votre vie quotidienne :

- Économiser de l'argent
- Vérifier les affirmations douteuses
- Trouver les ressources près de vous
- Connaître vos droits
- Manger sainement.

Chaque exercice est basé sur une situation réelle que vous pourriez vivre demain. Vous trouverez une phrase prête à copier-coller, des étapes simples à suivre, et un résultat concret que vous pourrez utiliser immédiatement. L'important avec Perplexity, c'est qu'il n'invente jamais ; il cherche, il vérifie, et il vous montre ses sources. C'est ce qui le rend unique et précieux. Prenez votre temps, testez chaque exercice à votre rythme, et découvrez comment Perplexity devient votre assistant pour les décisions intelligentes basées sur la vraie réalité du moment.

Exercice 1 – Vérifier une rumeur ou fausse nouvelle

Perplexity peut vérifier si une information que vous avez entendue est vraie ou fausse. Il cherche sur plusieurs sources fiables et vous donne une réponse claire avec des preuves.

Ce que Perplexity fait pour vous

- Vérifie les rumeurs et fausses nouvelles
- Compare plusieurs sources fiables
- Vous explique pourquoi c'est vrai ou faux
- Cite les sources officielles avec des liens cliquables

Pourquoi cet exercice est-il utile?

Vous apprendrez à utiliser Perplexity pour distinguer le vrai du faux, surtout avec les informations qui circulent sur Facebook, dans les courriels ou par bouche-à-oreille. C'est essentiel pour éviter de partager de fausses nouvelles.

Situation d'exercice

Votre ami vous a envoyé un message disant : « J'ai entendu dire que le gouvernement du Québec va donner 500 $ à tous les aînés de 65 ans et plus en mars 2026. » Vous voulez savoir si c'est vrai avant d'en parler à vos proches.

Phrase à copier dans Perplexity

« Est-ce que le gouvernement du Québec donne 500 $ aux aînés de 65 ans et plus en mars 2026 ? Vérifie sur des sources officielles québécoises. »

💡 **Astuce :** Plutôt que de taper la phrase proposée, lorsque vous serez à l'étape 3, utilisez le **mode dictée** de Perplexity en cliquant sur l'icône du microphone (🎙) à droite de la barre de saisie. Dictez simplement la phrase à voix haute ; Perplexity la transcrira pour vous, sans effort d'écriture !

Note importante : Perplexity pourrait demander l'autorisation d'accéder à votre microphone (et parfois à l'appareil photo). Cliquez sur » Autoriser » pour continuer. Ce mode fonctionne sur tous les outils d'IA, que ce soit sur ordinateur (avec micro), téléphone intelligent ou tablette – idéal pour les mains tremblantes ou les yeux fatigués !

Figure 45 - Perplexity— Capture d'écran - Mode dictée

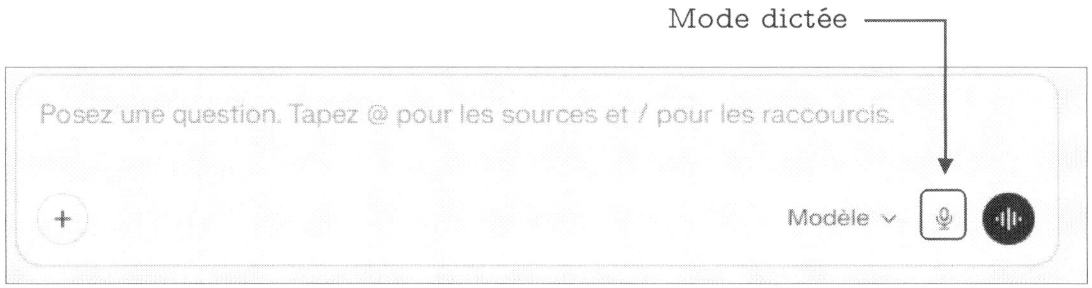

Étapes détaillées :

ÉTAPE 1 : Ouvrez Perplexity

Allez sur perplexity.ai dans votre navigateur ou ouvrez l'application Perplexity sur votre appareil téléphone intelligent ou tablette.

ÉTAPE 2 : Trouvez la barre de saisie

ÉTAPE 3 : Copiez la phrase dans Perplexity

ÉTAPE 4 : Personnalisez si nécessaire

Changez les détails selon la rumeur que vous voulez vérifier

Exemples :

- « Le café guérit le diabète »
- « Il va neiger 50 cm à Montréal demain »
- « Le CLSC de Terrebonne est fermé en février 2026 »

Ainsi, votre message à Perplexity pourrait ressembler à ceci :

« Est-ce que le gouvernement du Québec donne 500 $ aux aînés de 65 ans et plus en mars 2026 ? Vérifie sur des sources officielles québécoises. »

ÉTAPE 5 : Envoyez

ÉTAPE 6 : Attendez quelques secondes

Perplexity cherche sur Internet et analyse plusieurs sources officielles. Cela prend généralement 5 à 10 secondes.

Résultat attendu pour l'exercice 1

Perplexity vous donnera :

- ☑ Une réponse claire : VRAI ou FAUX
- ☑ Une explication basée sur des sources officielles
- ☑ Des liens cliquables vers les sites gouvernementaux
- ☑ La date de la dernière mise à jour de l'information

Exemple de résultat que vous pourriez recevoir :

> « RÉPONSE : FAUX
>
> Selon les sources officielles du gouvernement du Québec, aucun paiement de 500 $ aux aînés n'est prévu en mars 2026.
>
> Ce qui existe réellement :
>
> Le gouvernement du Québec offre plusieurs programmes pour les aînés de 65 ans et plus, mais pas ce paiement spécifique :
> 1. Crédit d'impôt pour maintien à domicile des aînés — Jusqu'à 6 720 $ par année selon vos dépenses
> 2. Allocation-logement — Aide financière pour le loyer (varie selon le revenu)
> 3.Programme de soutien aux aînés — Diverses aides selon les besoins

Sources officielles :

Revenu Québec — www.revenuquebec.ca[1]

Société d'habitation du Québec — www.habitation.gouv.qc.ca

Portail Québec — www.quebec.ca

💡 CONSEIL : Méfiez-vous des messages promettant de l'argent facile. Vérifiez toujours sur les sites gouvernementaux officiels (.gouv.qc.ca ou .gc.ca). »

Pour aller plus loin (optionnel)

Une fois que vous avez la vérification, vous pouvez poser des questions de suivi dans la MÊME conversation :

Exemples de questions de suivi :

- « Quels sont les vrais programmes d'aide financière pour les aînés au Québec en 2026 ? »
- « Comment fais-je pour demander le crédit d'impôt pour maintien à domicile ? »
- « Où trouver l'information officielle sur les aides aux aînés ? »
- « Y a-t-il d'autres fausses rumeurs courantes sur l'argent aux aînés ? »

Perplexity répondra en se basant sur des sources officielles vérifiables.

Autres rumeurs que vous pouvez vérifier avec Perplexity :

- « Vérifier si : Boire de l'eau chaude au citron guérit le cancer. »

- « Est-ce vrai que le gouvernement rembourse les frais dentaires à 100 % pour les aînés au Québec ? »
- « Vérifier : La SAAQ va augmenter le permis de conduire de 200 $ »
- « Est-ce que l'huile de coco inverse la maladie d'Alzheimer ? »

💡 **Astuce :** Ajoutez toujours « Vérifie sur des sources officielles » à vos questions pour obtenir les meilleures réponses.

⚠️ **Important :** Même si Perplexity vérifie les sources, partagez toujours les informations importantes avec prudence. Pour les décisions importantes de santé, d'argent ou autre, consultez un professionnel.

Compétences acquises dans cet exercice

Après cet exercice, vous savez :

✅ Vérifier si une rumeur est vraie ou fausse

✅ Identifier les sources officielles fiables

✅ Éviter de partager de fausses informations

✅ Poser des questions de suivi pour approfondir

✅ Utiliser Perplexity comme détecteur de vérité

FÉLICITATIONS ! Vous venez de découvrir comment Perplexity vous protège contre la désinformation.

Exercice 2 - Résumer l'actualité québécoise du jour

Perplexity peut vous résumer les nouvelles importantes du Québec en quelques phrases simples, avec les sources pour lire les articles complets si vous le souhaitez.

Ce que Perplexity fait pour vous

- Cherche les dernières nouvelles du Québec en temps réel
- Résume les événements importants en mots simples
- Cite les journaux et sites d'information reconnus
- Vous évite de lire des dizaines d'articles longs

Pourquoi cet exercice est-il utile?

Vous apprendrez à utiliser Perplexity pour rester informé de ce qui se passe au Québec sans passer des heures à lire les nouvelles. C'est parfait pour comprendre rapidement l'actualité du matin avec votre café.

Situation d'exercice

C'est le matin du 3 février 2026. Vous voulez savoir quelles sont les nouvelles importantes au Québec aujourd'hui : météo, politique, santé, ou autres événements.

Phrase à copier dans Perplexity

« Résume-moi les 3 nouvelles les plus importantes au Québec aujourd'hui, 3 février 2026, en mots simples. »

Étapes détaillées :

ÉTAPE 1 : Ouvrez Perplexity

Allez sur perplexity.ai dans votre navigateur ou ouvrez l'application Perplexity.

ÉTAPE 2 : Trouvez la barre de saisie

ÉTAPE 3 : Copiez la phrase dans Perplexity

ÉTAPE 4 : Personnalisez la date

Changez « 3 février 2026 » pour la date actuelle ou « aujourd'hui ».

Ainsi, votre message à Perplexity pourrait ressembler à ceci :

« Résume-moi les 3 nouvelles les plus importantes au Québec aujourd'hui en mots simples. »

Ou plus spécifique :

« Quelles sont les nouvelles importantes à Montréal aujourd'hui ? »

ÉTAPE 5 : Envoyez

ÉTAPE 6 : Attendez quelques secondes

Perplexity explore les sites de nouvelles québécoises (Radio-Canada, La Presse, TVA Nouvelles, etc.) et vous prépare un résumé.

Résultat attendu pour l'exercice 2

Perplexity vous donnera :

- ☑ Un résumé de 3 à 5 nouvelles importantes
- ☑ Des explications en mots simples
- ☑ Les sources (Radio-Canada, La Presse, Le Devoir, etc.)
- ☑ Des liens pour lire les articles complets si vous voulez

Exemple de résultat que vous pourriez recevoir :

LES 3 NOUVELLES IMPORTANTES AU QUÉBEC — 3 février 2026

1. Tempête de neige prévue pour mercredi

Environnement Canada prévoit 25 à 35 cm de neige dans la région de Montréal et Laval mercredi soir. Les déplacements pourraient être difficiles. www.meteomedia.com[1]

2. Nouvelle clinique pour aînés à Terrebonne

Le gouvernement du Québec annonce l'ouverture d'une nouvelle clinique spécialisée pour les aînés à Terrebonne en mars 2026. Elle offrira des services de santé gratuits sans rendez-vous. www.radio-canada.ca

3. Baisse du prix de l'essence

Le prix de l'essence au Québec baisse de 5 cents le litre cette semaine. C'est la première baisse depuis novembre 2025. www.lapresse.ca

Pour aller plus loin (optionnel)

Une fois que vous avez le résumé, vous pouvez poser des questions de suivi dans la MÊME conversation :

Exemples de questions de suivi :

- « Donne-moi plus de détails sur la tempête de neige. »
- « Où se trouve exactement la nouvelle clinique à Terrebonne ? »
- « Quel est le prix de l'essence à Montréal aujourd'hui ? »
- « Y a-t-il d'autres nouvelles importantes sur la santé au Québec ? »

Perplexity répondra en cherchant plus d'informations sur le sujet qui vous intéresse.

Autres façons d'utiliser Perplexity pour l'actualité :

- « Quelles sont les nouvelles de santé importantes au Québec cette semaine ? »
- « Résume-moi l'actualité politique du Québec en février 2026. »
- « Y a-t-il des rappels de produits alimentaires au Canada aujourd'hui ? »
- « Quelles sont les dernières nouvelles sur la COVID-19 au Québec ? »

💡 **Astuce :** Utilisez Perplexity chaque matin pour votre résumé d'actualité personnalisé. C'est comme avoir votre propre journal sur mesure !

Compétences acquises dans cet exercice

Après cet exercice, vous saurez capable de :

✅ Obtenir un résumé quotidien des nouvelles du Québec

✅ Comprendre l'actualité rapidement et simplement

✅ Accéder aux sources pour lire les articles complets

✅ Poser des questions de suivi pour approfondir un sujet

✅ Rester informé sans passer des heures à lire

FÉLICITATIONS ! Vous venez de découvrir comment Perplexity devient votre journal personnel du matin.

Exercice 3 — Chercher une recette saine pour votre condition médicale

Perplexity peut vous trouver des recettes saines spécifiquement adaptées à vos conditions médicales (diabète, hypertension, cholestérol), avec des sources fiables et des explications nutritionnelles.

Ce que Perplexity fait pour vous

- Cherche des recettes adaptées à vos besoins de santé
- Vérifie les informations nutritionnelles avec des sources médicales
- Explique pourquoi la recette est bonne pour votre condition
- Cite des sites de santé reconnus (diabète.qc.ca, Cœur + AVC, etc.)

Pourquoi cet exercice est-il utile?

Vous apprendrez à utiliser Perplexity pour trouver des recettes qui respectent vos restrictions alimentaires tout en étant savoureuses. C'est parfait pour prendre soin de votre santé sans sacrifier le plaisir de bien manger.

Situation d'exercice

Vous avez du diabète de type 2 et de l'hypertension. Votre médecin vous a recommandé de manger moins de sucre et de sel. Vous cherchez une recette de souper facile, santé et savoureuse qui respecte ces restrictions.

Phrase à copier dans Perplexity

« Donne-moi une recette de souper facile pour une personne avec diabète de type 2 et hypertension. Explique pourquoi c'est bon pour ma santé. Cite des sources fiables. »

Étapes détaillées :

ÉTAPE 1 : Ouvrez Perplexity
Allez sur perplexity.ai dans votre navigateur ou ouvrez l'application Perplexity.

ÉTAPE 2 : Trouvez la barre de saisie
Cliquez dans la grande zone blanche au centre de l'écran avec le texte « Demandez ce que vous voulez… ».

ÉTAPE 3 : Copiez la phrase dans Perplexity
Tapez ou collez la phrase ci-dessus dans la barre de saisie.

ÉTAPE 4 : Personnalisez selon vos besoins
Changez les conditions selon votre situation :

- « Cholestérol élevé » au lieu de « hypertension »
- « Maladie cœliaque (sans gluten) » au lieu de « diabète »
- « Maladie rénale » ou « allergies alimentaires »

Ainsi, votre message à Perplexity pourrait ressembler à ceci :

« Donne-moi une recette de souper facile pour une personne avec diabète de type 2 et hypertension. Explique pourquoi c'est bon pour ma santé. Cite des sources fiables. »

Ou

« Donne-moi une recette de déjeuner sans gluten et faible en cholestérol. Explique les bénéfices pour la santé. »

ÉTAPE 5 : Envoyez
Appuyez sur **Entrée** sur votre clavier

ÉTAPE 6 : Attendez quelques secondes
Perplexity cherche sur des sites de santé reconnus et des bases de données nutritionnelles.

Résultat attendu pour l'exercice 3

Perplexity vous donnera :

✅ Une recette complète avec ingrédients et étapes
✅ Les valeurs nutritionnelles (glucides, sodium, calories)
✅ Une explication de pourquoi c'est bon pour votre santé
✅ Des sources médicales fiables (Diabète Québec, Cœur + AVC, etc.)

Exemple de résultat que vous pourriez recevoir :

```
RECETTE : SAUMON AU FOUR AVEC LÉGUMES RÔTIS
PORTIONS : 2 personnes
TEMPS DE PRÉPARATION : 10 minutes
TEMPS DE CUISSON : 20 minutes
INGRÉDIENTS :2 filets de saumon (150 g chacun)

PRÉPARATION :
1. Préchauffez le four à 400 °F (200 °C)
2. Placez les filets de saumon sur une plaque
3. Disposez les légumes autour du saumon
4. Arrosez d'huile d'olive et de jus de citron
5. Saupoudrez d'ail, d'herbes et de poivre
6. Cuisez 20 minutes jusqu'à ce que le saumon soit cuit

VALEURS NUTRITIONNELLES (par portion) :
- Calories : 320
- Glucides : 12 g (excellent pour diabète)
- Sodium : 85 mg (très faible, bon pour hypertension)
- Gras sains (oméga-3) : 15 g
- Protéines : 35 g

POURQUOI EST-CE BON POUR VOTRE SANTÉ ?
Pour le diabète :
Le saumon est riche en protéines et faible en glucides, ce qui aide
à stabiliser la glycémie. Les légumes fournissent des fibres qui
ralentissent l'absorption du sucre.
```

Pour l'hypertension :
Cette recette contient moins de 100 mg de sodium (la recommandation est moins de 2 000 mg par jour). Les oméga-3 du saumon aident à réduire la pression artérielle.

Sources fiables :
Diabète Québec — www.diabete.qc.ca[1]
Fondation des maladies du cœur et de l'AVC — www.coeuretavc.ca
Guide alimentaire canadien — www.guide-alimentaire.canada.ca
Le saumon frais se conserve 1-2 jours au réfrigérateur.

Pour aller plus loin (optionnel)

Une fois que vous avez la recette, vous pouvez poser des questions de suivi dans la MÊME conversation :

Exemples de questions de suivi :

- « Peux-tu adapter cette recette pour 4 personnes ? »
- « Quels autres poissons peuvent remplacer le saumon ? »
- « Donne-moi une recette de dessert pour diabétiques. »
- « Quels légumes sont les meilleurs pour l'hypertension ? »
- « Cette recette est-elle bonne pour le cholestérol aussi ? »

Perplexity répondra en se basant sur des sources nutritionnelles vérifiées.

Autres recettes santé que vous pouvez demander :

- « Recette de déjeuner faible en sodium pour hypertension. »
- « Collation santé pour diabète avec moins de 15 g de glucides. »
- « Soupe sans sel pour personne avec maladie rénale. »
- « Dessert sans sucre ajouté pour diabétiques. »
- « Recette anti-inflammatoire pour l'arthrite. »

💡 **Astuce :** Ajoutez toujours « Cite des sources fiables » pour obtenir des informations nutritionnelles vérifiées par des organismes de santé reconnus.

⚠️ **Important :** Ces recettes sont des suggestions générales. Consultez toujours votre médecin ou nutritionniste avant de faire des changements importants à votre alimentation.

Compétences acquises dans cet exercice

Après cet exercice, vous savez :

✅ Trouver des recettes adaptées à vos besoins de santé

✅ Comprendre les valeurs nutritionnelles importantes

✅ Identifier les ingrédients bénéfiques pour votre condition

✅ Vérifier les sources nutritionnelles fiables

✅ Utiliser Perplexity comme assistant culinaire santé

FÉLICITATIONS ! Vous venez de découvrir comment Perplexity vous aide à manger sainement selon vos besoins médicaux.

Exercice 4 - Trouver l'information officielle sur un service gouvernemental

Perplexity peut vous aider à trouver les informations officielles sur les services gouvernementaux québécois et canadiens : comment faire une demande, quels documents apporter, où aller, et à qui téléphoner.

Ce que Perplexity fait pour vous

- Trouve les sites gouvernementaux officiels (. gc.ca, .gouv.qc.ca)
- Explique les étapes pour accéder aux services
- Donne les numéros de téléphone et adresses exacts
- Liste les documents nécessaires pour les demandes

Pourquoi cet exercice est utile

Vous apprendrez à utiliser Perplexity pour naviguer les services gouvernementaux sans vous perdre dans les sites compliqués. C'est parfait pour savoir exactement quoi faire avant d'appeler ou de vous déplacer.

Situation d'exercice

Vous voulez demander votre pension de la Régie des rentes du Québec (RRQ), mais vous ne savez pas par où commencer. Vous voulez savoir : comment faire la demande, quels documents apporter, et où trouver le formulaire officiel.

Phrase à copier dans la barre de saisie Perplexity

« Comment faire une demande de pension à la Régie des rentes du Québec (RRQ) ? Donne-moi les étapes, les documents nécessaires et le site officiel. »

Étapes détaillées :

ÉTAPE 1 : Ouvrez Perplexity
Allez sur perplexity.ai dans votre navigateur ou ouvrez l'application Perplexity.

ÉTAPE 2 : Trouvez la barre de saisie
Cliquez dans la grande zone blanche au centre de l'écran.

ÉTAPE 3 : Copiez la phrase dans Perplexity
Tapez ou collez la phrase ci-dessus dans la barre de saisie.

ÉTAPE 4 : Personnalisez selon VOTRE besoin
Changez la question selon le service qui vous intéresse :

- « Comment renouveler mon permis de conduire au Québec ? »
- « Où trouver les services de CLSC à Terrebonne ? »
- « Comment demander l'allocation-logement pour aînés au Québec ? »
- « Quel est le numéro pour joindre Service Canada ? »

Ainsi, votre message à Perplexity pourrait ressembler à ceci :

« Je suis un aîné québécois de 65 ans. Comment faire ma demande de pension à la Régie des rentes du Québec (RRQ) ? Donne-moi les étapes, les documents nécessaires et le site officiel. »

Ou

« Comment renouveler mon permis de conduire au Québec en 2026 ? Donne-moi les étapes et où aller à Terrebonne. »

ÉTAPE 5 : Envoyez
Appuyez sur la touche **Entrée** de votre clavier.

ÉTAPE 6 : Attendez quelques secondes
Perplexity cherche sur les sites gouvernementaux officiels et vous prépare un guide clair.

Résultat attendu pour l'exercice 4

Perplexity vous donnera :

☑ Les étapes détaillées de la démarche
☑ La liste des documents nécessaires
☑ Le site officiel avec lien cliquable
☑ Les numéros de téléphone et horaires de service

Exemple de résultat que vous pourriez recevoir :

```
COMMENT DEMANDER VOTRE PENSION RRQ — GUIDE
OFFICIEL

ÉTAPES POUR FAIRE VOTRE DEMANDE :

1. Vérifiez votre admissibilité
 - Vous devez avoir 60 ans ou plus
 - Vous devez avoir cotisé au Régime de rentes du Québec
 - La demande peut se faire jusqu'à 11 mois avant votre
   anniversaire

2. Préparez vos documents

Documents obligatoires :
 - Votre numéro d'assurance sociale (NAS)
 - Votre certificat de naissance du Québec (grand format)
 - Une preuve d'identité avec photo (permis de conduire ou carte
   d'assurance maladie)
 - Coordonnées bancaires pour le dépôt direct

3. Faites votre demande (3 options)


OPTION A — EN LIGNE (plus rapide) :
 - Allez sur Mon dossier pour les citoyens :
   https://www.rrq.gouv.qc.ca/
 - Créez un compte avec clicSÉQUR
 - Remplissez le formulaire en ligne (15-20 minutes)
 - Vous recevrez une confirmation immédiate
```

OPTION B — PAR TÉLÉPHONE :

- Appelez Retraite Québec : 1-800-463-5185
- Horaire : Lundi au vendredi, 8 h à 16 h 30
- Un agent remplira le formulaire avec vous

OPTION C — EN PERSONNE :

- Prenez rendez-vous au bureau de Retraite Québec le plus proche
- Apportez tous vos documents originaux
- Un agent vous aidera sur place

4. Délai de traitement

- Demande en ligne : 4 à 6 semaines
- Demande par téléphone ou en personne : 6 à 8 semaines
- Vous recevrez une lettre confirmant le montant de votre pension

MONTANT ESTIMÉ (2026) :

- Pension moyenne : environ 800 $ par mois
- Pension maximale : environ 1 364 $ par mois (selon vos cotisations)

INFORMATIONS OFFICIELLES :

Site web : https://www.rrq.gouv.qc.ca/
Téléphone : 1-800-463-5185
Horaire : Lundi au vendredi, 8 h à 16 h 30
Courriel : Via le formulaire sur le site web

Conseil : faites votre demande en ligne pour un traitement plus rapide. Si vous n'êtes pas à l'aise avec Internet, appelez le 1-800-463-5185 et un agent vous guidera.

Sources :
Retraite Québec — www.rrq.gouv.qc.ca[1]
Portail Québec — www.quebec.ca

Pour aller plus loin (optionnel)

Une fois que vous avez l'information, vous pouvez poser des questions de suivi dans la MÊME conversation :

Exemples de questions de suivi :

- « Peux-tu m'expliquer comment créer un compte clicSÉQUR ? »
- « Quel est le montant exact de pension si j'ai cotisé 35 ans ? »
- « Où se trouve le bureau de Retraite Québec le plus proche de Terrebonne ? »
- « Est-ce que je peux demander ma pension RRQ avant 65 ans ? »
- « Combien de temps après ma demande vais-je recevoir mon premier paiement ? »

Perplexity répondra en cherchant sur les sites officiels.

Autres services gouvernementaux que vous pouvez demander :

- « Comment demander le Supplément de revenu garanti (SRG) fédéral ? »
- « Où trouver les services de CLSC à Laval ou Terrebonne ? »
- « Comment renouveler ma carte d'assurance maladie du Québec ? »
- « Quels sont les programmes d'aide financière pour aînés au Québec ? »
- « Comment obtenir une carte Opus gratuite pour aînés ? »

💡 **Astuce :** Perplexity est excellent pour naviguer sur les sites gouvernementaux compliqués. Il trouve l'information exacte et vous évite des heures de recherche !

⚠️ **Important :** Les informations gouvernementales changent régulièrement. Perplexity cherche toujours les données les plus récentes, mais pour une décision importante, vérifiez directement sur le site officiel ou appelez.

Compétences acquises dans cet exercice

Après cet exercice, vous savez :

✅ Trouver l'information officielle sur les services gouvernementaux
✅ Obtenir les numéros de téléphone et adresses exacts
✅ Comprendre les démarches administratives étape par étape
✅ Accéder aux sites officiels sans vous perdre
✅ Utiliser Perplexity comme guide gouvernemental personnel

FÉLICITATIONS ! Vous venez de découvrir comment Perplexity simplifie l'accès aux services gouvernementaux.

Exercice 5 — Vérifier un conseil de santé qu'un ami vous a donné

Perplexity peut vérifier si un conseil de santé que vous avez entendu est basé sur des preuves scientifiques ou si c'est une rumeur. Il s'appuie sur des sources médicales reconnues.

Ce que Perplexity fait pour vous

- Vérifie si un conseil de santé est appuyé par la science
- Cite des sources médicales reconnues (OMS, Santé Canada, études)
- Explique les risques ou bénéfices réels
- Vous protège contre les faux conseils dangereux

Pourquoi cet exercice est utile

Vous apprendrez à utiliser Perplexity pour distinguer les vrais conseils de santé des mythes populaires. C'est essentiel pour prendre soin de vous sans suivre des conseils potentiellement dangereux.

Situation d'exercice

Votre ami vous a dit : « Bois du vinaigre de cidre tous les matins à jeun, ça guérit le diabète et ça fait maigrir ! » Vous voulez vérifier si c'est vrai avant d'essayer.

Phrase à copier dans la barre de saisie Perplexity

« Est-ce vrai que boire du vinaigre de cidre à jeun guérit le diabète et fait maigrir ? Vérifie avec des sources médicales fiables. Explique les risques. »

Étapes détaillées :

ÉTAPE 1 : Ouvrez Perplexity

Allez sur perplexity.ai dans votre navigateur ou ouvrez l'application Perplexity.

ÉTAPE 2 : Trouvez la barre de saisie

Cliquez dans la grande zone blanche au centre de l'écran.

ÉTAPE 3 : Copiez la phrase dans Perplexity

Tapez ou collez la phrase ci-dessus dans la barre de saisie.

ÉTAPE 4 : Personnalisez avec le conseil que VOUS voulez vérifier

Changez le conseil selon ce que vous avez entendu :

- « Est-ce vrai que le curcuma guérit l'arthrite ? »
- « Est-ce vrai que l'huile de coco reverse la démence ? »
- « Est-ce vrai que le bicarbonate de soude guérit le cancer ? »
- « Est-ce vrai que boire 8 verres d'eau par jour est obligatoire ? »

Ainsi, votre message à Perplexity pourrait ressembler à ceci :

« Est-ce vrai que boire du vinaigre de cidre à jeun guérit le diabète et fait maigrir ? Vérifie avec des sources médicales fiables. Explique les risques. »

Ou

« Est-ce vrai que le curcuma guérit l'arthrite ? Vérifie avec des sources médicales. »

ÉTAPE 5 : Envoyez

Appuyez sur **Entrée** ou cliquez sur le bouton flèche.

ÉTAPE 6 : Attendez quelques secondes

Perplexity cherche dans les bases de données médicales et scientifiques reconnues.

Résultat attendu pour l'exercice 5

Perplexity vous donnera :

☑ La vérité basée sur des études scientifiques

☑ Les bénéfices réels (s'il y en a)

☑ Les risques et effets secondaires

☑ Des sources médicales reconnues (Santé Canada, études scientifiques)

Exemple de résultat que vous pourriez recevoir :

> « VÉRIFICATION : VINAIGRE DE CIDRE POUR LE DIABÈTE ET LA PERTE DE POIDS
>
> RÉPONSE : PARTIELLEMENT FAUX — BÉNÉFICES TRÈS LIMITÉS
>
> Votre instinct est excellent. Voici ce que disent les études scientifiques fiables :
>
> CE QUE LA SCIENCE DIT VRAIMENT :
>
> 1. Pour le diabète :
>
> - Le vinaigre de cidre NE GUÉRIT PAS le diabète

- Quelques études montrent une très légère amélioration de la glycémie après les repas (2-5 % seulement)
- L'effet est beaucoup trop faible pour remplacer vos médicaments
- Il ne corrige pas la cause du diabète

2. Pour la perte de poids :

- Le vinaigre de cidre NE FAIT PAS MAIGRIR magiquement
- Une étude a montré une perte de 1-2 kg sur 12 semaines (très peu)
- Cette perte est probablement due à la réduction de l'appétit (acidité désagréable)
- Une alimentation équilibrée et de l'exercice sont beaucoup plus efficaces

LES RISQUES IMPORTANTS :

⚠ Dommages aux dents — L'acidité érode l'émail dentaire avec le temps

⚠ Irritation de l'estomac — Brûlures d'estomac, nausées, douleurs

⚠ Interaction avec médicaments — Peut interférer avec l'insuline ou les médicaments pour le diabète

⚠ Faible potassium — Consommation excessive peut réduire le potassium sanguin (dangereux pour le cœur).

CE QUE VOUS DEVRIEZ FAIRE :

☑ Ne remplacez JAMAIS vos médicaments par du vinaigre de cidre

☑ Consultez votre médecin avant d'essayer tout supplément

✅ Privilégiez les méthodes prouvées : alimentation équilibrée, exercice, médicaments prescrits

✅ Méfiez-vous des promesses miracles — Si c'était si simple, votre médecin vous l'aurait dit.

CONCLUSION :

Le vinaigre de cidre n'est pas dangereux en petites quantités (1 cuillère à soupe diluée dans un grand verre d'eau avec les repas), mais ce n'est pas un remède miracle. Les bénéfices sont minimes et les risques réels si vous en prenez trop ou à jeun.

Sources médicales fiables :
Diabète Québec — www.diabete.qc.ca[1]
Santé Canada — www.canada.ca/sante
Étude publiée : Journal of Functional Foods (2018) »

💡 **CONSEIL :** Avant de suivre un conseil de santé d'un ami ou d'Internet, vérifiez toujours avec Perplexity ou demandez à votre médecin. Votre santé est trop précieuse pour les expériences risquées !

Pour aller plus loin (optionnel)

Une fois que vous avez la vérification, vous pouvez poser des questions de suivi dans la MÊME conversation :

Exemples de questions de suivi :

- « Quels sont les vrais moyens naturels de contrôler le diabète ? »
- « Y a-t-il des suppléments vraiment efficaces pour la santé des aînés ? »
- « Comment savoir si un conseil de santé est fiable ou non ? »
- « Quels sont les signes d'un remède miracle frauduleux ? »

Perplexity répondra en s'appuyant sur des sources médicales reconnues.

Autres conseils de santé que vous pouvez vérifier :

- « Est-ce vrai que le jus de céleri guérit tout ? »
- « Est-ce vrai que les suppléments de collagène rajeunissent la peau ? »
- « Est-ce vrai que l'huile essentielle de lavande guérit l'anxiété ? »
- « Est-ce vrai que boire de l'eau chaude citronnée détoxifie le foie ? »

💡 **Astuce :** Ajoutez toujours « Vérifie avec des sources médicales fiables » pour obtenir des réponses basées sur la science, pas sur les opinions.

⚠️ **TRÈS IMPORTANT :** Perplexity ne remplace JAMAIS votre médecin.

Utilisez-le pour vérifier l'information, mais consultez toujours un professionnel de la santé avant de changer vos médicaments ou habitudes de santé.

Compétences acquises dans cet exercice

Après cet exercice, vous savez :

✅ Vérifier si un conseil de santé est basé sur la science

✅ Identifier les faux remèdes miracles

✅ Comprendre les risques d'un traitement non prouvé

✅ Accéder aux sources médicales reconnues

✅ Utiliser Perplexity comme vérificateur de santé fiable

FÉLICITATIONS ! Vous venez de découvrir comment Perplexity vous protège contre les faux conseils de santé dangereux.

Récapitulatif des 5 exercices Perplexity

Ce que vous avez appris

Après ces 5 exercices, vous maîtrisez maintenant Perplexity pour :

1. **Vérifier la vérité** — Distinguer les faits réels des rumeurs et fausses nouvelles avec sources officielles
2. **Comprendre l'actualité** — Obtenir un résumé quotidien des nouvelles du Québec en mots simples
3. **Manger sainement** — Trouver des recettes adaptées à vos besoins de santé (diabète, hypertension, cholestérol)
4. **Accéder aux services officiels** — Naviguer facilement les sites gouvernementaux et trouver l'information exacte
5. **Protéger votre santé** — Vérifier les conseils de santé avec des sources médicales reconnues avant de les suivre

Vous êtes maintenant autonome avec Perplexity !

Avez-vous bien compris ? (Perplexity)

1. **Pourquoi Perplexity cite-t-il toujours ses sources ?**
   Réponse : Pour que vous puissiez vérifier les faits vous-même et avoir confiance en l'information reçue. Chaque affirmation est appuyée par un lien cliquable vers la source originale.
2. **Puis-je poser des questions d'actualité à Perplexity ?**
   Réponse : Oui ! Contrairement aux autres outils IA, Perplexity cherche les dernières nouvelles en direct sur Internet et vous donne l'information la plus récente disponible.
3. **Faut-il être précis avec Perplexity ?**
   Réponse : Oui, surtout pour des informations locales ou actuelles. Par exemple, écrivez « Québec 2026 » ou « Montréal en février 2026 » pour obtenir des résultats pertinents à votre région et au moment présent.
4. **Que faire si je veux une réponse courte ?**
   Réponse : Expliquez exactement ce que vous voulez. Ajoutez à votre question des mots comme « Résume en 3 lignes », « Réponds brièvement » ou « En 50 mots maximum ». Si la réponse est déjà trop longue, répondez simplement : « Raccourcis en 3 lignes » ou « Réponse plus courte ». Perplexity adaptera tout de suite, sans complication. Ceci est bon pour tous les outils IA.

5. **Perplexity est-il gratuit pour les besoins de base ?**
   Réponse : Oui, complètement ! La version gratuite est parfaite pour débuter et couvre tous les besoins quotidiens sans nécessiter de carte de crédit.

Conclusion — Les leçons de nos exercices Perplexity

À travers ces exercices, vous avez découvert que Perplexity est fiable, transparent et protecteur pour votre vie quotidienne. Vous savez maintenant utiliser Perplexity pour vérifier les faits, comprendre l'actualité, trouver des recettes saines, accéder aux services officiels et confirmer les conseils de santé — toujours avec sources vérifiables et transparence totale.

Vos 5 gains essentiels

1. **Vérité confirmée** : Rumeurs vérifiées en secondes, fausses nouvelles stoppées avant de se propager
2. **Actualité simplifiée** : Nouvelles complexes expliquées en mots simples, sources officielles toujours à portée
3. **Santé adaptée** : Recettes réelles basées sur vos conditions médicales, conseils nutritionnels vérifiés
4. **Services accessibles** : Informations gouvernementales à jour, démarches expliquées étape par étape
5. **Protection médicale** : Faux conseils identifiés, remèdes miracles démystifiés, santé préservée

Utilisez Perplexity POUR : Vérifier si c'est vrai (rumeurs, nouvelles), comprendre l'actualité québécoise, trouver des recettes santé, accéder aux services gouvernementaux, confirmer des conseils de santé

Validez AVEC : Votre médecin pour toute décision de santé, les sites officiels (. gc.ca, .gouv.qc.ca) pour les démarches importantes, vos proches avant de partager une information sensible

Le grand enseignement : Perplexity n'est pas un robot magique. C'est votre **bibliothécaire de confiance** qui vérifie systématiquement les faits, cite toujours ses sources et vous protège contre la désinformation. Il transforme Internet chaotique en information claire, vérifiable et utile.

Bravo ! Avec Perplexity, vous maîtrisez maintenant l'IA simplement et efficacement, passons aux **questions les plus fréquentes** pour renforcer votre confiance avec ces outils !

7. Les Questions Fréquentes pour Débutants

Voici des réponses simples et claires aux questions les plus courantes sur les outils IA dont nous avons discuté précédemment. Juste ce qu'il faut pour vous aider à choisir sans stress.

1. Dois-je apprendre à utiliser les 4 outils ou juste un seul ?

Réponse : Vous pouvez commencer avec UN SEUL outil, celui qui correspond le mieux à vos besoins immédiats. Par exemple, si vous aimez créer des images, commencez par Gemini. Si vous préférez la vérification des faits, commencez par Perplexity.

Cependant, apprendre les 4 outils petit à petit vous donne une vraie puissance : chaque outil excelle dans un domaine spécifique. Une fois que vous les connaissez, vous utilisez le meilleur pour chaque tâche.

Conseil pratique : Prenez 1-2 semaines pour maîtriser un outil. Puis passez au suivant. En un mois, vous serez à l'aise avec les 4 :

2. Les 4 outils demandent-ils une carte de crédit ?

Réponse : NON — Les versions gratuites sont excellentes :

Outil	Gratuit :	Carte crédit :	Limites gratuites
ChatGPT	✅ Oui	❌ Non	Utilisations illimitées
Claude	✅ Oui	❌ Non	Utilisations illimitées
Gemini	✅ Oui	❌ Non	Images limitées/jour
Perplexity	✅ Oui	❌ Non	5 recherches Pro/jour

Vous pouvez tout faire gratuitement — pas besoin de payer pour débuter. Les versions payantes sont optionnelles si vous en voulez plus.

3. Quelle est la différence entre les versions gratuite et payante ?

Voici votre tableau comparatif simplifié avec intro claire :

Pas besoin de payer pour commencer l'IA !
Ce tableau montre ce que vous obtenez GRATUIT (déjà puissant) vs Payant (20 $/mois, extras seulement).

Outil	Gratuit	Payant (20 $/mois)
ChatGPT	GPT-4o limité	Illimité + images
Claude	Sonnet 4.6	Opus + longue docs
Gemini	Flash 3.1 rapide	1M tokens avancés
Perplexity	5 recherches Pro	600+/jour

Verdict : GRATUIT = parfait pour vos 29 exercices ! 🎯

4. Mes données personnelles sont-elles sûres avec ces outils ?

Réponse : OUI — Vos données sont sûres si vous respectez ces règles simples :

✅ SÛRS à partager :

- Questions générales (recettes, actualité, conseils)
- Informations publiques (noms de villes, événements)
- Problèmes sans identifiants personnels

❌ NE JAMAIS partager :

- Numéros de compte bancaire
- Numéros de sécurité sociale
- Mots de passe
- Adresses complètes
- Informations médicales très personnelles
- Informations sensibles pour vous.

💡 **Astuce :** Si vous ne la poseriez pas à un étranger, ne la posez pas à l'Intelligence artificielle, quel que soit l'outil.

5. Quel outil utiliser pour une tâche spécifique ?

Réponse : Voici un guide rapide

Tâche	Meilleur(s) outil(s)
Écrire un courriel	ChatGPT ou Claude
Créer une image/souvenir	Gemini
Vérifier si c'est vrai	Perplexity
Analyser un document	Claude ou Gemini (photo)
Trouver une recette	Perplexity ou ChatGPT
Traduire du texte	Claude ou Gemini
Organiser vos idées	Claude ou Gemini
Consulter l'actualité Québec	Perplexity
Comprendre un médicament	Claude
Décrypter une arnaque	Perplexity ou Gemini

💡 **Astuce :** Si vous n'êtes pas sûr, essayez avec 2 outils. Vous verrez vite lequel est meilleur !

6. Puis-je utiliser ces outils sur mon téléphone intelligent ?

Réponse : OUI, Tous les 4 outils ont des applications mobiles :

Outil	App iOS	App Android	Site web
ChatGPT	☑ App Store	☑ Google Play	☑ chatgpt.com
Claude	☑ App Store	☑ Google Play	☑ claude.ai
Gemini	☑ App Google	☑ App Google	☑ gemini.google.com
Perplexity	☑ App Store	☑ Google Play	☑ perplexity.ai

Conseil pratique : L'expérience est très similaire sur téléphone intelligent et ordinateur. Choisissez ce qui est plus confortable pour vous :

7. Si l'IA me donne une mauvaise réponse, c'est ma faute ou celle de l'IA ?

Réponse : C'est souvent un mélange des deux.

Erreurs de L'IA :

- ChatGPT/Claude peuvent « halluciner » (inventer des informations)
- Gemini peut mal interpréter une photo floue
- Même Perplexity peut citer une source inexacte

Erreurs de l'utilisateur :

- Poser une question vague ou mal formulée
- Ne pas donner assez de contexte
- Ignorer un avertissement de l'IA
- Accepter la première réponse sans vérifier

💡 **Astuce :** Vérifiez TOUJOURS une réponse importante avant d'agir dessus. Si c'est une décision financière, médicale ou légale, demandez à un professionnel en plus. Les IA sont des assistants utiles, pas des experts !

8. Combien de temps faut-il pour apprendre à utiliser ces outils ?

Réponse : Plus court que vous le pensez :

Niveau	Temps requis	Ce que vous pouvez faire
Débutant	5-10 min	Poser une question simple, obtenir une réponse
Utilisateur basique	1-2 heures	utiliser correctement un outil pour vos besoins quotidiens
Utilisateur avancé	1-2 semaines	Combiner plusieurs outils, faire des tâches complexes
Expert	1 mois	Maîtriser les 4 outils, connaître tous les trucs et astuces

La bonne nouvelle : Vous n'avez pas besoin d'être un expert pour bénéficier énormément de ces outils. Même un utilisateur « basique » gagne des heures chaque semaine !

9. Y a-t-il des risques à utiliser l'IA tous les jours ?

Réponse : La plupart des risques sont faciles à éviter

Risques réels (rares si vous êtes prudent) :

- Partager des infos sensibles (mots de passe, numéros bancaires)
- Accepter une mauvaise réponse comme vérité absolue
- Dépendre totalement de l'IA pour des décisions importantes

Risques inexistants (ne vous inquiétez pas) :

- ❌ L'IA ne « vole » pas vos données simplement en les lisant
- ❌ L'IA n'utilise pas votre téléphone à votre insu
- ❌ L'IA ne va pas vous « contrôler »

Conseil simple : Utilisez l'IA comme vous utiliseriez une encyclopédie — c'est un outil utile, mais vérifiez les infos importantes.

10. Quel est le meilleur outil global pour un aîné qui découvre l'IA ?

Ma recommandation personnelle :
Si vous deviez choisir UN SEUL outil pour commencer, nous suggérons Perplexity ; mais c'est un choix basé sur nos priorités. Votre préférence peut différer selon vos besoins.

Pourquoi Perplexity me semble idéal :

1. **Le plus sûr** : Il ne peut pas inventer, seulement citer ce qui existe
2. **Le plus utile au quotidien** : Vérifier les rumeurs, consulter l'actualité, trouver l'info officielle
3. **Le plus transparent** : Chaque réponse à des sources cliquables
4. **Le plus simple** : Pas besoin de modèles compliqués, une simple recherche
5. **Gratuit** : Le mode gratuit est réellement complet

À retenir : Chaque outil a ses forces. N'hésitez pas à essayer les autres (Gemini, ChatGPT, Claude) pour trouver celui qui vous convient le mieux.

8. Conclusion

Votre Guide Complet des 4 Outils IA

Vous avez maintenant découvert quatre assistants intelligents qui simplifient votre quotidien. Ils peuvent **tous faire les mêmes tâches de base** (écrire, chercher, analyser, expliquer), mais chacun **excelle différemment** selon ses forces spécifiques.

Les outils :

ChatGPT (9,4/10) - Le Créatif Polyvalent

Excelle en écriture créative, courriels chaleureux, recettes et idées originales.

Claude (9,8/10) - L'Analyste Précis

Excelle en analyse de documents longs, résumés précis et sécurité maximale.

Gemini (9,1/10) - Le Visuel Multimédia

Excelle en création d'images, analyse photo et commandes vocales Google.

Perplexity (9.2/10)— Le Vérificateur Fiable

Excelle en vérification de faits avec sources et actualités Québec à jour.

Le Grand principe

Le secret de la simplicité

Ces outils sont **gratuits**, faciles d'accès, sans expertise technique requise. Pas de carte de crédit, pas de téléchargements compliqués. Juste un navigateur web, une question simple, et voilà une réponse utile. **Rien à casser.** Si ça ne convient pas, recommencez avec un autre outil. C'est tout.

Avant de continuer, prenez une minute pour créer des **favoris** (signets) avec chacun des **quatre outils** que vous maîtrisez maintenant. Cela vous facilitera grandement la tâche pour naviguer entre les différents outils.

Comment faire (tous navigateurs) :

Navigateur	Raccourci	Menu
Chrome	Ctrl+D	⋮ → Favoris → Done
Edge	Ctrl+D	⋮ → Favoris → Ajouter
Firefox	Ctrl+D	☰ → Signets → Nouveau signet
Safari (Mac)	⌘+D	Signets → Ajouter aux favoris

Vous êtes prêt

À ce stade, vous savez :

- ✅ Écrire des courriels polis et clairs
- ✅ Décrypter des documents importants
- ✅ Générer des images personnalisées
- ✅ Suivre l'actualité locale et québécoise
- ✅ Vérifier les rumeurs et fausses nouvelles
- ✅ Organiser votre quotidien efficacement
- ✅ Choisir le bon outil IA en fonction de votre besoin

Votre âge n'est pas un obstacle ; c'est un atout. Votre expérience et votre sagesse vous permettent d'utiliser ces outils avec discernement. Vous avez maintenant les connaissances nécessaires pour naviguer le monde de l'intelligence artificielle en toute confiance.

Prochaine étape

Maintenant que vous maîtrisez les 4 plus grands outils IA accessibles au grand public (ChatGPT, Claude, Gemini et Perplexity), passons au Chapitre 5 où vous apprendrez à poser des questions encore plus efficaces pour obtenir exactement ce que vous cherchez.

FÉLICITATIONS ! Vous venez de franchir une étape majeure dans votre apprentissage de l'intelligence artificielle. Vous êtes prêt pour la suite ! **N'oubliez pas de compléter votre Carnet de progression disponible au Chapitre 3.**

CHAPITRE 5
Comment poser des questions à l'IA

De Google à l'IA : une nouvelle façon d'obtenir des réponses

Si vous avez déjà utilisé Google ou Bing, vous connaissez le rituel : taper une question, parcourir une liste interminable de sites web, naviguer entre publicités et résultats, puis fouiller dans plusieurs pages pour trouver l'information désirée.

L'IA de 2026 transforme cette approche. Au lieu de vous présenter des dizaines de liens, elle vous répond directement. Elle analyse l'information disponible, la synthétise et vous la présente de façon claire et concise. Imaginez un voisin disponible 24 heures sur 24, patient, qui connaît des milliers d'histoires, recettes et blagues québécoises. Il répond à toutes vos questions sans jamais se lasser. C'est exactement ce que l'IA vous offre aujourd'hui !

Pourquoi ce chapitre est-il crucial?

À travers les pages précédentes, vous avez testé plusieurs plateformes et réalisé divers exercices. Bravo pour ces premiers pas ! Mais voici le secret : l'IA peut accomplir beaucoup plus... si on sait lui parler correctement. La qualité de votre question détermine la qualité de la réponse. C'est pourquoi ce chapitre vous enseignera l'art de formuler des **prompts** efficaces ; ces questions ou instructions qui permettent d'obtenir exactement ce dont vous avez besoin.

Tout au long de ce livre, je vous ai demandé de poser des questions à l'IA et de copier certaines phrases dans la barre de saisie de chacun des outils IA. **Vous utilisiez déjà des prompts sans le savoir !** Un prompt, c'est le terme technique pour désigner toute question, instruction ou demande que vous donnez à l'intelligence artificielle. Que vous tapiez « Quel temps fera-t-il demain ? », « Écris-moi une recette de tourtière » ou « Explique-moi ce qu'est un virus informatique », vous créez un prompt. Le mot peut sembler compliqué, mais vous maîtrisez déjà le concept !

1. Qu'est-ce qu'un « prompt » ?

Les secrets pour bien parler à l'IA

Maintenant, apprenons à pousser encore plus loin l'outil en posant les bonnes questions. Ce chapitre révèle le secret des experts : en langage IA, une bonne question s'appelle un PROMPT.

Un bon prompt = une réponse parfaite. C'est simple, puissant, et à votre portée !

Un PROMPT, c'est comme donner des instructions précises à votre petit-fils : plus vous êtes clair, le meilleur est le résultat.

Vous les connaissez déjà ! Dans les exercices du Chapitre 4, chaque « phrase à copier dans la barre de saisie » était un prompt. Maintenant, vous allez apprendre à créer vos propres prompts personnalisés.

L'IA n'est pas magique : elle excelle quand on lui parle clairement

EXEMPLE 1 : Question vague

Si je pose une question (prompt) sans précision à l'IA, par exemple :

« Parle-moi du passé »

Résultat : Elle me donnera une réponse générique et peu utile.

EXEMPLE 2 : Question précise

Si je pose une question précise à l'IA, par exemple :

> « Raconte-moi la vie à Montréal en 1965, quand Jean Lesage était premier ministre et que les Expos venaient de naître, en 60 mots »

Résultat : Elle me donnera une histoire vivante, comme un album photos animé, exactement ce que je cherchais !

Les bases : 5 règles d'or pour des réponses parfaites

Équation essentielle

Cette section présente les **principes essentiels pour bien communiquer avec les outils IA** et obtenir des réponses utiles, claires et adaptées à vos besoins. En appliquant ces cinq règles d'or, vous gagnerez en efficacité, en précision et en satisfaction lors de chaque interaction.

Voici l'équation qui combine ces 5 règles :

[Rôle] +	**[Tâche] +**	**[Format]+**	**[Ton adapté] +**	**[suivi]**
Règle 1	Règle 2	Règle 3	Règle 4	Règle 5

Voici comment rédiger des prompts efficaces

En combinant les **5 règles d'or** vous saurez rédiger des prompts parfaits pour l'IA.

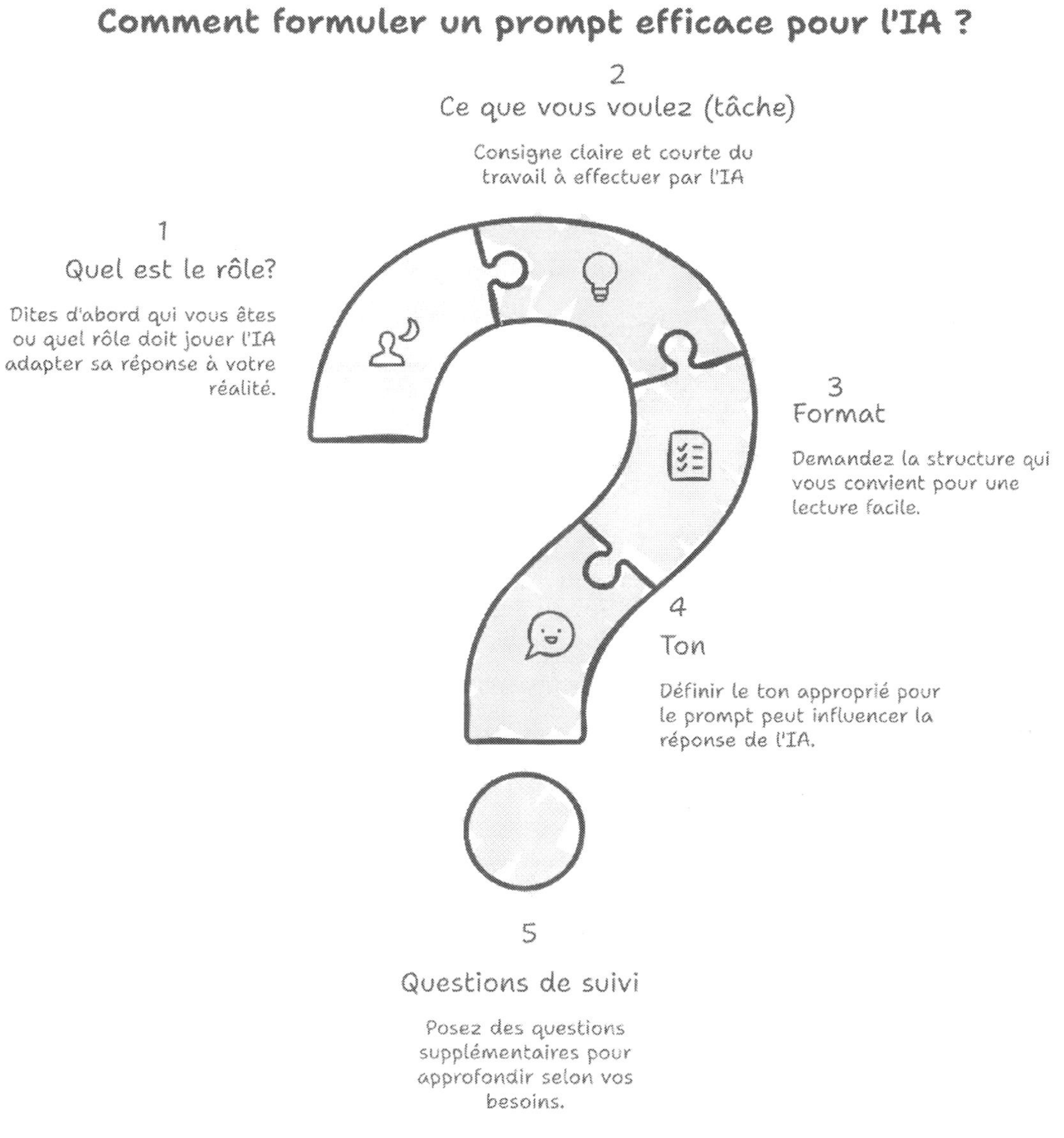

Règle 1 - Définir le rôle [Qui vous êtes ou le rôle que l'IA doit jouer]

Dites d'abord qui vous êtes **ou** quel rôle vous voulez que l'IA joue pour qu'elle adapte sa réponse à votre réalité ou à vos besoins.

Exemples - Vous vous présentez :

- « Je suis né en 1942 à Trois-Rivières, j'aime le hockey. »
- « Je suis une grand-mère de 72 ans qui adore le jardinage. »

L'IA adaptera sa réponse en fonction de la personne que vous êtes.

Exemples - Vous donnez un rôle à l'IA :

- « Tu es un historien spécialisé dans la Nouvelle-France. »
- « Tu es un nutritionniste qui conseille des personnes diabétiques. »

L'IA adaptera son travail et sa réponse en fonction de son rôle.

Règle 2 - Indiquer la Tâche [Ce que vous voulez]

La tâche, c'est la consigne principale que vous donnez à l'IA. Elle doit être claire et courte pour que l'IA comprenne facilement ce que vous voulez.

Exemples :

- « Résume ce texte en trois phrases. »
- « Traduis cette phrase en espagnol. »

Règle 3 - Indiquez le format souhaité [Format]
Demandez la structure qui vous convient pour une lecture facile.

Exemples :

- « Réponds en 3 points »
- « Réponds sous forme de liste à puces. »
- « Rédige un courriel formel. »

Règle 4 - Choisissez le ton adapté
Précisez le style de réponse qui vous plaît.

Exemple :

- « Parle comme un oncle québécois de 75 ans »
- « Explique à un enfant de 8 ans. »

Règle 5 - Améliorez votre prompt par des questions de suivi
Posez des questions supplémentaires pour approfondir selon vos besoins.

Exemple :

- « Dans ta dernière réponse, j'aimerais que tu clarifies... »
- « Donne-moi davantage d'information sur... »

La structure gagnante : exemples pratiques

Prompt exemple 1 – Histoire de ma jeunesse

Situation

Vous désirez, pour vous divertir, une histoire qui vous rappelle votre jeunesse. Prenons l'exemple de prompt suivant et identifions les 5 règles :

Prompt complet

« Je suis un homme de 81 ans de Québec. Raconte-moi une histoire de 200 mots sur ma jeunesse au coin Laurier-Bélanger. Fais 3 paragraphes courts, parle comme un oncle de mon âge. »

Déconstruction du prompt :

Règle 1 - Qui vous êtes (rôle)

> « Je suis un homme de 81 ans de Québec. »

Règle 2 - Ce que vous voulez (tâche)

> « Raconte-moi une histoire de 200 mots sur ma jeunesse au coin Laurier-Bélanger. »

Règle 3 – Format

> « Fais 3 paragraphes courts »

Règle 4 - Ton adapté

> « Parle comme un oncle de mon âge. »

Règle 5 : Question de suivi (à poser après la première réponse)

> « Peux-tu ajouter des détails sur les commerces du quartier à cette époque ? »

Résultat attendu

Tentez l'expérience en soumettant le prompt directement à ChatGPT. (Meilleur outil imaginatif dans ces circonstances)

Prompt exemple 2

Trouver un cadeau de Noël pour son petit-fils

Situation

Vous cherchez un cadeau de Noël original pour votre petit-fils de 15 ans qui aime les jeux vidéo et la photo. Prenons l'exemple de prompt suivant et identifions les 5 règles :

Prompt complet

« Je suis un grand-père de 79 ans. Mon petit-fils a 15 ans et aime les jeux vidéo et la photo. Propose-moi cinq idées de cadeaux utiles et amusants autour de 100 $ disponible en ligne au Canada ou près de chez moi à Terrebonne, Qc. Présente-les sous forme de liste numérotée avec une courte description et un prix approximatif. Sois enthousiaste et bienveillant, comme un ami qui veut faire plaisir. »

Déconstruction du prompt :

Règle 1 - Qui vous êtes (rôle) :

> « Je suis un grand-père de 79 ans. Mon petit-fils a 15 ans et aime les jeux vidéo et la photo. »

Règle 2 - Ce que vous voulez (tâche) :

> « Propose-moi cinq idées de cadeaux utiles et amusants autour de 100 $ disponible en ligne au Canada ou près de chez moi à Terrebonne, Qc. »

Règle 3 – Format :

« Présente les idées sous forme de liste numérotée avec une courte description et un prix approximatif. »

Règle 4 - Ton adapté

« Sois enthousiaste et bienveillant, comme un ami qui veut faire plaisir. »

Règle 5 - Question de suivi :

« Vérifie les avis de clients pour chacune des propositions. Et présente le tout en tableau. »

Résultat attendu :

Figure 46 — Perplexity — Capture d'écran - Résultat exemple 2

Voici le **tableau mis à jour avec de **vraies informations d'avis et de produits disponibles en ligne au Canada et autour de ~100 $**, parfait pour un ado de **15 ans qui aime les jeux vidéo et la photo** — avec une estimation de prix et des commentaires clients ou qualités générales :

Idée de cadeau	Description	Avis / Note client	Prix approximatif (CAD)
1. Logitech G502 X Souris de jeu	Une **souris gaming ultra-précise** avec boutons personnalisables — excellent pour FPS et tous les jeux PC.	4,7 / 5 (≈3900 avis) — très bien notée pour performance, confort et fiabilité	≈ 88 $
2. Logitech Souris de jeu G502 HERO	Variante aussi très populaire — performance gaming solide et sensation réactive.	4,7 / 5 (>25000 avis) — grande valeur pour son prix et compatible PC/console	≈ 75 $
3. Godox 50x50cm Portable Studio Light Box	**Boîte lumineuse photo pliable avec LED et fonds** pour petites séances photo amusantes (objets, accessoires, créations).	≈ 4,6 / 5 selon multiples modèles similaires — diffuse bien la lumière pour des photos propres Amazon	≈ 50 $
4. Peak Design Courroie Caméra Slide	**Sangle photo confortable et robuste**, idéale pour transporter son appareil en toute sécurité — super pour sorties et projets photo.	4,8 / 5 — très bien notée pour confort, solidité et facilité d'utilisation	≈ 70 $
**5. Carte-cadeau jeux vidéo (eShop / PlayStation / Xbox / Steam)	Permets à ton petit-fils de choisir **ses propres jeux ou contenus** préférés — ultra-flexible comme cadeau	Note dépend de la plateforme, mais *très apprécié* car il choisit lui-même	≈ 25 $–100 $

NOTE : Pour cause de mise en page, il est difficile de reproduire la capture d'écran directement dans ce livre. Tentez l'expérience et voyez le résultat directement dans ChatGPT.

💡 **Gain de temps impressionnant :** Rédaction du prompt (3 minutes) + recherche par l'IA (37 secondes) = 3 minutes 37 secondes au total. Faire les mêmes recherches manuellement en ligne prendrait entre 2 h 30 et 3 h 15 sans distraction.

Prompt exemple 3

Planifier une sortie culturelle à Montréal

Situation

Vous organisez une journée culturelle avec des amis de votre club d'aînés. Prenons l'exemple de prompt suivant et identifions les 5 règles :

Prompt complet

« Je suis une femme de 74 ans, membre d'un club d'aînés à Laval. Planifie une journée d'activités culturelles à Montréal comprenant un musée, un repas et un spectacle. Minimise la marche. Présente la journée sous forme d'horaire avec heures, lieux et suggestions. Utilise un ton convivial et motivant, comme un guide touristique local. Ajoute des activités adaptées aux personnes à mobilité réduite. »

Déconstruction du prompt :

Règle 1 : Qui vous êtes (rôle) :

« Je suis une femme de 74 ans, membre d'un club d'aînés à Laval. »

Règle 2 : Ce que vous voulez (tâche) :
« Planifie une journée d'activités culturelles à Montréal avec musée, repas et spectacle. Minimise la marche. »

Règle 3 : Format
« Présente le tout dans un horaire clair avec heures, lieux et suggestions. »

Règle 4 : Ton adapté
« Utilise un ton convivial et motivant, comme un guide touristique local. »

Règle 5 : Question de suivi
« Réduis le format afin que je puisse facilement partager l'horaire de la journée. »
Après avoir pris connaissance de la proposition, vous pouvez aussi lui demander d'en faire une **version demi-journée**. L'IA s'adapte à vos besoins et travaille pour vous.

Résultat attendu :

Figure 47 — Perplexity — Capture d'écran – Résultat exemple 3

- **9 h 30** — Départ de Laval en **autobus nolisé ou minibus adapté**, permettant un transport porte-à-porte sans marche prolongée
- **10 h 30 à 12 h 00** — Visite du **Musée des beaux-arts de Montréal**, lieu entièrement accessible (entrées de plain-pied, ascenseurs, bancs, toilettes adaptées)
- **12 h 30 à 13 h 45** — **Dîner sur place** au restaurant du musée, évitant tout déplacement supplémentaire
- **14 h 00 à 14 h 15** — **Transport en autobus** vers le centre-ville / Quartier des spectacles
- **14 h 30 à 15 h 45** — Pause culturelle et repos à la **Grande Bibliothèque**, avec exposition gratuite et espaces de détente accessibles
- **16 h 00 à 16 h 45** — **Collation ou café** dans un lieu accessible (déplacement court en autobus)
- **17 h 30 à 18 h 30** — **Souper léger** dans un restaurant accessible à proximité de la salle de spectacle
- **18 h 45** — **Transport en autobus** vers la Place des Arts (dépose près de l'entrée)
- **19 h 00 à 21 h 00** — **Spectacle en soirée** au Théâtre Maisonneuve (Place des Arts), avec sièges et services adaptés
- **21 h 15** — **Retour à Laval en autobus**, fin de la journée
- **Transport** : autobus nolisé ou transport adapté utilisé pour l'ensemble des déplacements afin de réduire la fatigue
- **Objectif global** : offrir une journée culturelle complète, accessible et conviviale, démontrant l'efficacité d'une planification assistée par l'IA

2. Élargissement de votre créativité

Afin de vous aider à stimuler votre créativité et à choisir plus facilement des rôles, des tâches, des formats et un ton (règles 1 à 4) pour créer des prompts efficaces, j'ai préparé un outil que vous pourrez garder en tout temps près de votre ordinateur, que vous trouverez en Annexe B.

Exercices pour produire d'excellents prompts :

Maintenant que vous connaissez les 5 règles et révisez quelques exemples, effectuons ensemble quelques exercices (3) pour vous aider à développer vos habiletés à rédiger des prompts pour l'intelligence artificielle.

Exercice 1 - Comprendre le budget fédéral

But de l'exercice :

Apprendre à demander à l'IA d'expliquer un sujet d'actualité de façon simple et claire.

Situation :

Vous voulez comprendre les grandes lignes du budget fédéral canadien 2026 sans jargon économique.

Voici le Prompt parfait :

« Je suis un retraité de 76 ans de Québec, intéressé par la politique, mais pas expert en économie. Explique-moi les principales mesures du budget fédéral 2026 en mots simples. Présente ta réponse en trois sections : économie, santé, prestations pour les aînés. Parle de façon claire et bienveillante, comme si tu m'expliquais à la télévision. Peux-tu préciser ensuite comment ce budget pourrait influencer mon coût de la vie au Québec ? »

Déconstruisons le prompt ensemble :

À l'aide du prompt parfait présenté ci-dessus, inscrivez sous chaque question ci-dessous la réponse correspondante (en prenant des éléments du texte). Vous trouverez les réponses à la fin de cet exercice.

1. Qui vous êtes (RÔLE)

____
____
____

2. Ce que vous voulez (TÂCHE)

____
____
____

3. FORMAT souhaité

____
____
____

4. TON adapté

____
____
____

5. Question de suivi

____
____
____

Réponses : (retournez votre livre)

1. **Qui vous êtes (rôle)** « Je suis un retraité de 76 ans de Québec, intéressé par la politique, mais pas expert en économie. »
2. **Ce que vous voulez (tâche)** « Explique-moi les principales mesures du budget fédéral 2026 en mots simples. »
3. **Format souhaité** « Présente la réponse en trois sections : économie, santé, prestations pour les aînés. »
4. **Ton adapté** « Parle de façon claire et bienveillante, comme si tu m'expliquais à la télévision. »
5. **Question de suivi** « Peux-tu préciser comment ce budget pourrait influencer mon coût de la vie au Québec ? »

Compétences acquises dans cet exercice

Après cet exercice, vous savez :

✅ définir clairement votre rôle et votre contexte personnel

✅ demander des explications simples sur des sujets complexes

✅ structurer une réponse avec un format précis (sections)

✅ choisir le ton adapté pour une communication claire

✅ poser des questions de suivi pour personnaliser les informations

FÉLICITATIONS ! Vous venez de découvrir comment transformer un sujet compliqué en explication accessible et adaptée à votre réalité québécoise.

Exercice 2 - créer une annonce pour vendre sa voiture

But de l'exercice :

Apprendre à rédiger et tester un prompt pour créer un texte attrayant pour une annonce en ligne.

Situation :

Vous souhaitez vendre votre voiture sur Internet et rendre votre annonce attrayante.

Instructions :

Remplacer les informations entre []. Et suivez les étapes plus bas pour utiliser le prompt sur ChatGPT.

Élaboration du prompt :

1 - Qui vous êtes (rôle)
« Je suis [homme/femme] de [XX] ans de [Ville] qui veut vendre sa voiture : [marque, modèle, couleur, année, kilométrage et prix] »

2 - Ce que vous voulez (tâche)
« rédige un texte pour l'annonce. »

3 - Format souhaité
« Donne un titre, trois phrases de description et trois hashtags populaires. »

4 - Ton adapté

« Adopte un ton amical et honnête, comme sur Facebook, court et concis »

5 - Question de suivi

« Peux-tu proposer une version du texte plus courte pour Marketplace ? »

Prompt parfait : (remplacer les informations manquantes [...])

Je suis [homme/femme] de [XX] ans de [Ville] qui veut vendre sa voiture : [marque, modèle, couleur, année, kilométrage et prix]. Rédige un texte pour l'annonce. Donne un titre, trois phrases de description et trois hashtags populaires. Adopte un ton amical et honnête, comme sur Facebook. »

💡 **Astuce :** Si vous téléchargez la photo de votre voiture dans ChatGPT, vous pouvez même lui demander de créer une affiche.

Compétences acquises dans cet exercice

Après cet exercice, vous savez :

✅ Rédiger un prompt complet avec toutes les informations nécessaires

✅ Demander plusieurs formats de texte en une seule requête

✅ Adapter le ton pour différentes plateformes (Marketplace, Facebook)

✅ Gagner du temps sur des tâches de rédaction répétitives

✅ Créer des annonces professionnelles et attrayantes sans effort

FÉLICITATIONS ! Vous venez de découvrir comment l'IA devient votre assistant de rédaction personnel pour économiser des heures de travail.

Exercice 3 – Bien magasiner ses électroménagers

But de l'exercice :

Découvrir comment l'IA peut servir de conseiller pour un achat éclairé et adapté à vos besoins. Cette prompte demande un peu plus d'attention, mais une fois maîtrisé, il devient un outil extrêmement pratique.

Situation :

Vous cherchez un réfrigérateur qui combine qualité, simplicité et bon prix.

Prompt parfait :

« Je suis une femme de 80 ans vivant seule à Montréal. Aide-moi à choisir un réfrigérateur écoénergétique autour de 1 200 $, facile à utiliser. Présente ta réponse dans un tableau avec quatre colonnes : modèle, prix, avantages et inconvénients. Parle comme un conseiller patient d'un magasin d'électroménagers. Ensuite, précise quels modèles offrent la meilleure garantie et un bon service après-vente au Québec. »

Déconstruisons le prompt ensemble :

À l'aide du prompt parfait présenté ci-dessus, inscrivez sous chaque question ci-dessous la réponse correspondante en prenant des éléments du texte. Vous trouverez les réponses à la fin de cet exercice.

1. Qui vous êtes (RÔLE)

____
____
____

2. Ce que vous voulez (TÂCHE)

____
____
____

3. FORMAT souhaité

____
____
____

4. TON adapté

____
____
____

5. Question de suivi

____
____
____

Réponses : (retournez votre livre)

1. **Qui vous êtes (rôle)**
« Je suis une femme de 80 ans vivant seule à Montréal. »
2. **Ce que vous voulez (tâche)**
« Aide-moi à choisir un réfrigérateur écoénergétique autour de 1200 $, facile à utiliser. »
3. **Format souhaité**
« Présente la réponse dans un tableau : modèle, prix, avantages, inconvénients. »
4. **Ton adapté**
« Parle comme un conseiller patient d'un magasin d'électroménagers. »
5. **Question de suivi**
« Quels modèles offrent la meilleure garantie et un bon service après-vente au Québec ? »

Compétences acquises dans cet exercice

Après cet exercice, vous savez :

✅ Utiliser l'IA comme conseiller pour des achats importants

✅ Demander une présentation en tableau pour comparer facilement

✅ Spécifier des critères précis (budget, facilité d'utilisation, localisation)

✅ Obtenir des recommandations personnalisées adaptées au Québec

✅ Poser des questions de suivi sur la garantie et le service après-vente

FÉLICITATIONS ! Vous venez de découvrir comment l'IA vous aide à faire des choix éclairés et à magasiner intelligemment sans pression.

Récapitulatif des 3 exercices - Chapitre 5

Ce que vous avez appris

Après ces 3 exercices pratiques, vous maîtrisez maintenant **l'art de construire des prompts efficaces** pour obtenir exactement ce que vous voulez de l'IA :

1. **Prompts pour comprendre** — Rédiger des questions structurées qui transforment des sujets complexes en explications simples et personnalisées
2. **Prompts pour créer** — Construire des instructions claires qui génèrent du contenu professionnel (annonces, textes, descriptions) en quelques secondes
3. **Prompts pour décider** — Formuler des demandes précises qui produisent des comparaisons détaillées et des recommandations sur mesure

Vous êtes maintenant autonome dans la création de prompts puissants !

Vos 3 gains essentiels

1. **Prompts bien structurés** : Vous savez combiner les 5 règles d'or pour obtenir des réponses précises
2. **Prompts personnalisés** : Vous adaptez chaque demande à votre situation, votre ville, votre âge
3. **Prompts évolutifs** : Vous savez poser des questions de suivi pour raffiner les résultats

Types de prompts que vous savez créer

✅ **Prompts d'explication** — Pour comprendre l'actualité, la politique, l'économie

✅ **Prompts de création** — Pour rédiger annonces, messages, descriptions

✅ **Prompts de comparaison** — Pour analyser des produits, services, options

✅ **Prompts de planification** — Pour organiser activités, voyages, événements

✅ **Prompts de suivi** — Pour approfondir, clarifier, ajuster les réponses

La Formule Magique que vous maîtrisez maintenant

🎯 **[Rôle] + [Tâche] + [Format] + [Ton] + [Suivi] = Prompt parfait**

Cette structure simple transforme une question vague en instruction puissante qui donne des résultats exceptionnels.

3. Avez-vous bien compris ?

1. **Pourquoi est-il important de dire à l'IA « qui je suis » ?**
   Réponse : Parce qu'elle adapte sa réponse à votre situation personnelle (votre âge, votre ville, vos besoins). Un prompt avec contexte donne de meilleurs résultats.

2. **Puis-je demander à l'IA de refaire une réponse si je ne l'aime pas ?**
   Réponse : Oui ! Vous pouvez toujours poser une question de suivi : « Peux-tu refaire ça, mais plus court ? » ou « Rends le ton plus amical. »

3. **Faut-il utiliser des mots compliqués pour se faire comprendre ?**
   Réponse : Non ! Parlez simplement et naturellement. L'IA comprend le français quotidien. C'est même mieux ainsi !

4. **Que se passe-t-il si mon prompt manque de précision ?**
   Réponse : L'IA devine et donne une réponse générique peu utile. Plus vous êtes précis (avec les 5 règles), meilleure est la réponse.

5. **Si la réponse de l'IA ne me convient pas, que dois-je faire ?**
   Réponse : Demandez simplement une amélioration : « Propose une autre version » ou « Résume en 3 phrases ? »

4. Conclusion sur l'utilisation de prompts

Vous maîtrisez maintenant l'art des prompts efficaces

Un prompt bien construit = Une réponse parfaite

L'IA n'est qu'un outil. **Le vrai pouvoir, c'est votre capacité à formuler des prompts précis.** En maîtrisant les 5 règles d'or, vous transformez n'importe quelle IA (ChatGPT, Claude, Gemini, Perplexity) en assistant personnel ultra-performant adapté à vos besoins.

La différence entre un débutant et un expert

Le débutant demande : « Parle-moi de voitures. »

L'expert (VOUS maintenant) formule : « Je suis un homme de 72 ans de Laval qui veut vendre sa Honda Civic grise 2018 avec 85 000 km. Rédige un texte pour l'annonce. Donne un titre, trois phrases de description et trois hashtags populaires. Adopte un ton amical et honnête, comme sur Marketplace. »

Voyez-vous la différence ? Le débutant obtient une réponse générique inutile. L'expert obtient exactement ce qu'il cherche en quelques secondes.

Le grand enseignement

Vous avez maintenant la compétence la plus importante de l'ère de l'IA : **savoir communiquer clairement avec les outils intelligents.**

5. Prochaine étape

Maintenant que vous savez **quoi demander** et **comment le demander**, passons au **Chapitre 6** où vous apprendrez à utiliser l'IA de façon **éthique, sécuritaire et responsable**. Car avec un grand pouvoir vient une grande responsabilité !

FÉLICITATIONS ! Vous êtes maintenant un expert en prompts. Vous possédez la clé pour débloquer tout le potentiel de l'intelligence artificielle !

N'oubliez pas de compléter votre Carnet de progression disponible au Chapitre 3.

CHAPITRE 6
Éthique, règles et sécurité de l'IA

Vous savez maintenant utiliser ChatGPT, Claude, Gemini et Perplexity. Vous maîtrisez les prompts efficaces. Mais avant d'aller plus loin, parlons d'un sujet essentiel : **comment utiliser l'IA de façon sécuritaire, responsable et éthique** ?

Ce chapitre repose sur **deux piliers** :

1. **L'éthique des créateurs** — Comment les entreprises (OpenAI, Anthropic, Google, etc) protègent-elles les utilisateurs?
2. **Votre sécurité personnelle** — Comment vous protéger et utiliser l'IA intelligemment?

1. L'éthique vue des créateurs d'IA

L'éthique qui guide le développement

Les entreprises qui créent l'IA, comme OpenAI (ChatGPT) ou Anthropic (Claude), ont des règles strictes pour que leurs outils soient fiables et respectueux.

Imaginez-les comme des gardiens qui surveillent une grande cuisine : tout doit être propre et sans danger avant de vous servir le plat.

L'éthique, c'est le code moral des créateurs. Ils s'engagent à ne pas faire d'IA qui ment, discrimine ou fait du mal.

Par exemple :

- **ChatGPT**, développé par OpenAI, est testé des milliers de fois par une équipe dédiée afin d'éviter les réponses fausses ou blessantes.
- **Claude**, conçu par Anthropic, est programmé pour refuser les questions dangereuses, comme « Comment fabriquer une arme ?

Ces règles viennent de principes mondiaux, comme ceux de l'ONU, qui disent : » **L'IA doit aider l'humain, pas le remplacer ou le tromper »**.

Résultat : Votre assistant vous donne des recettes saines, pas des conseils risqués.

Exercice simple : Demandez à ChatGPT « Explique-moi les règles éthiques d'OpenAI ». Vous verrez leur engagement clair.

Les règles intégrées dans les modèles

Chaque IA a des « gardiens invisibles » appelés » **alignement »**. C'est comme un professeur qui corrige un élève turbulent :

- **ChatGPT** refuse plus de 80 % des questions illégales ou haineuses grâce à des mises à jour constantes
- **Claude** excelle ici : il analyse le contexte et dit « non » si c'est malveillant
- **Gemini et Perplexity** citent toujours des sources fiables pour éviter les inventions d'information.

Exemple concret : Si vous demandez « Qui a gagné l'élection de 2024 ? », Perplexity donne des liens vérifiés, pas des rumeurs. Ces règles protègent tout le monde, surtout les aînés comme vous qui voulez des infos solides sur la santé ou les finances.

La sécurité des données côté IA

Vos conversations avec l'IA ne sont pas volées. Voici comment chaque outil protège vos données :

- **OpenAI (ChatGPT)** stocke vos chats pour améliorer le modèle, mais vous pouvez les effacer d'un clic (dans Paramètres > Données).
- **Claude** garde vos données chiffrées et ne les vend pas, mais les utilise pour l'amélioration du modèle.
- **Gemini (Google)** suit des règles strictes de protection des données, adaptées partout dans le monde.

Astuce pratique : Dites toujours « Ne sauvegarde pas cette conversation » au début. Et vérifiez les icônes de cadenas (https : //) sur les sites officiels. Ainsi, vos questions sur vos médicaments ou votre budget restent privées.

2. Votre sécurité en tant qu'utilisateur

Maintenant, parlons de vous. L'IA est votre allié, mais comme pour ouvrir la porte à un inconnu, soyez prudent. Voici des règles simples pour éviter les pièges.

⚠ **Important :** L'IA ne remplace jamais l'humain. Elle suggère et vous aide à réfléchir, mais toute conversation sensible doit avoir lieu avec une vraie personne.

Protégez vos informations personnelles

Ne donnez JAMAIS votre numéro de compte bancaire, mot de passe ou numéro d'assurance maladie à l'IA.

Exemple : Au lieu de « Mon numéro de CLSC est 1234, réserve-moi un rendez-vous », dites « Comment réserver un rendez-vous au CLSC à Mascouche ? ». L'IA vous guide sans vos détails privés.

Pour les décisions importantes, consultez toujours des professionnels :

- **Besoin d'un conseil légal :** Consultez un avocat ou un notaire
- **Besoin d'une opinion médicale :** Parlez à votre docteur ou pharmacien
- **Besoin de conseils financiers :** Voyez un comptable ou conseiller financier certifié

💡 **Exercice :** Demandez à Claude « Comment protéger mes données sur ton site ? ». Il vous explique pas à pas.

Vérifiez toujours les réponses

- L'IA est **intelligente**, mais pas infaillible. Pour les faits importants (de santé, légaux, financiers), demandez des sources : « Cite tes sources sur le budget Québec 2026 ».
- **Perplexity** excelle là-dedans avec des liens cliquables
- **Claude** est précis pour les analyses, mais croisez toujours avec La Presse, Radio-Canada et autres sources journalistiques et/ou officielles.

🎯 **Règle d'or :** L'IA suggère, votre bon sens et un humain décident.

Évitez les arnaques, la solitude et les crises

Arnaques en ligne

Les escrocs créent des faux sites imitant ChatGPT (ex. : chatgpt-gratuit.ai).

✅ **Allez TOUJOURS** sur les officiels :

- chatgpt.com (ChatGPT)
- claude.ai (Claude)
- gemini.google.com (Gemini)
- perplexity.ai (Perplexity)

Protégez-vous !

Activez la double vérification (2 FA) sur votre courriel (mot de passe + code SMS).

Si on vous demande de l'argent pour « débloquer » l'IA, signalez à la police ou à vos enfants. NE PAYEZ JAMAIS !

Solitude et dépendance à l'IA

L'IA est un allié pratique, mais une utilisation excessive (plus de **1 h/jour**) peut accentuer l'isolement chez les aînés, selon des études sur les seniors et écrans.

Recommandations de temps sécuritaire :

- **Débutants** : 15-20 min/jour, 3-4 jours/semaine.
- **Habitués** : max. 45 min/jour, avec pauses.
- **Règle d'or** : 80 % de temps humain (appels enfants, voisins, activités physiques), 20 % IA.

Signes d'alerte : Si l'IA remplace vos conversations réelles, réduisez à 10 min/jour. Privilégiez un appel : un humain vaut mille « chats » virtuels pour la chaleur affective.

En cas de crise – Soutien humain immédiat

L'IA n'est pas un thérapeute. Si vous vous sentez déprimé ou en détresse, contactez sans attendre ces ressources gratuites, confidentielles, 24/7 au Québec :

- **811** : Info-Santé et Info-Sociale, pour parler à une infirmière ou travailleur social.
- **911** : Urgences immédiates

Beaucoup d'autres ressources existent dans votre région alors n'hésitez pas à consulter en cas de besoin.

Conseils pratiques pour tous les jours

✅ **Prompts sécurisés :** Commencez par « Réponds comme à un aîné québécois prudent : [votre question] »

✅ **Outils gratuits sûrs :** ChatGPT gratuit, Claude.ai (version essai), Perplexity sans compte

✅ **Exercice 5 min :** Testez « Quelles sont tes règles de sécurité ? » sur deux IA. Comparez

✅ **En famille :** Partagez avec vos proches comment vous utilisez l'IA de façon sécuritaire. Cela les rassure et peut même leur apprendre de bonnes pratiques.

📌 **Rappel clé :** L'IA aide à réfléchir, mais les décisions importantes se prennent avec des humains de confiance.

3. Avez-vous bien compris ?

1. **Puis-je montrer une photo de ma carte de crédit à Gemini ?**
   Réponse : Non ! Jamais. Ne partagez jamais vos informations bancaires ou vos cartes avec l'IA. C'est trop risqué.

2. **Si ChatGPT me dit qu'un supplément est « magique » pour l'arthrite, puis-je le croire ?**
   Réponse : Non ! Vérifiez toujours avec votre pharmacien ou votre médecin avant de prendre un nouveau supplément. L'IA peut se tromper sur la santé.

3. **L'IA lit-elle vraiment mes courriels personnels ?**
   Réponse : Non. Vos courriels (Gmail, Outlook) ne sont pas vus par ChatGPT, sauf si VOUS les copiez et les montrez vous-même.

4. **Qui protège mes données personnelles lorsque j'utilise l'IA ?**
   Réponse : Les lois canadiennes et les entreprises (OpenAI, Google, Anthropic) qui doivent respecter ces règles strictes.

5. **Puis-je demander à l'IA un conseil sur mon problème de cœur ?**
   Réponse : Vous pouvez poser la question, mais consultez toujours votre cardiologue ou médecin pour une vraie décision médicale. L'IA ne remplace jamais un professionnel de la santé.

4. Conclusion sur l'éthique, les règles et la sécurité

L'IA suit des règles éthiques solides créées pour vous protéger. Les entreprises comme OpenAI (ChatGPT), Anthropic (Claude) et Google (Gemini) et Perplexity AI, inc. (Perplexity) travaillent constamment à rendre leurs outils sûrs et respectueux.

De votre côté, retenez ces quatre principes essentiels :

1. **Ne partagez jamais** vos informations sensibles (mots de passe, numéros de compte, carte de crédit)
2. **Vérifiez toujours** les informations importantes avec des professionnels ou des sources officielles
3. **Gardez les humains au centre** — l'IA aide, mais ne remplace pas votre médecin, votre comptable ou vos proches
4. **Restez prudent en ligne** — utilisez uniquement les sites officiels des outils IA

L'IA est un outil pratique et puissant, jamais un remplaçant pour le jugement humain et les relations authentiques. Avec ces règles simples, vous pouvez l'utiliser en toute confiance et sécurité.

Vous êtes maintenant prêt à explorer l'IA sereinement !

N'oubliez pas de compléter votre Carnet de progression disponible au Chapitre 3.

FICHE SÉCURITÉ IA
AIDE-MÉMOIRE - AÎNÉS DU QUÉBEC
LES 7 RÈGLES D'OR
1.PAS D'INFORMATIONSSSENSIBLES
Ne jamais donner à l'IA:
• Numéro d'assurance social
• Numéro de carte de crédit
• Mot de passe
• Numéro d'identification peronnel
• Informations sensibles
4. PROTÉGEZ VOS COMPTES
• Utilisez des mots de passe: Forts: 12+ carac., majus.,nb, symb. et différents de votre courriel
• Activez la vérification en 2 étapes
• Déconnectez-vous après usage
Ne pas coller sur votre ordinateur
2.VÉRIFIEZ AVANT D'AGIR
Toujours consulter un professionnel pour les décisions importantes:
Santé → Docteur / Pharmacien
Finances → Comptable / Conseiller
Légal → Avocat / Notaire
Sujet important → Expert
Ne gardez pas de secrets, parlez-en à une personne de confiance
5.ÉVITEZ LES PIÈGES
FRAUDE (NE JAMAIS CLIQUER)
• Votre RAMQ expire
• Vous avez gagné 5000$
• ChatGPT Gratuit:entrez votre
6.RESPECTEZ LA VIE PRIVÉE
Ne partagez pas d'informations intimes sur autrui sans permission (pas de photos, documents médicaux ou autres docs).
3.IDENTIFIEZ LES HALLUCINATIONS
L'IA n'est pas infaillible ! Signes importants à surveiller :
• Dates ou noms non familiers
• Événements inconnus
• Conseils trop spécifiques dans des domaines sensibles (ex. : médical)
7.UTILISEZ SOURCES OFFICIELLES
• TOUJOURS VALIDEZ AVEC DES SOURCES OFFICIELLES
• UTILISEZ LES SITES OFFICIELS
AVANT CHAQUE SESSION
Est-ce une question d'ordre général? OUI → GO / NON → ARRÊT
Informations sensibles ? OUI → ARRÊT / NON → GO
À imprimer et conserver près de votre ordinateur
© Simon Boisjoli - Guide sur l'IA - Edition Aînés 2026

CONCLUSION

1. Vous y êtes arrivé !

Vous venez de parcourir un chemin remarquable. Du Chapitre 1 où vous vous demandiez « Qu'est-ce que l'intelligence artificielle ? » jusqu'à maintenant, où vous maîtrisez quatre outils puissants : ChatGPT, Claude, Gemini et Perplexity.

2. Ce que vous savez faire maintenant :

- ☑ Rédiger des prompts efficaces avec les 5 règles d'or
- ☑ Résumer des articles longs en quelques lignes
- ☑ Créer des courriels, annonces et messages professionnels
- ☑ Trouver des recettes adaptées à ce que vous avez
- ☑ Vérifier des rumeurs avec des sources fiables
- ☑ Comparer des produits avant un achat important
- ☑ Utiliser l'IA de façon sécuritaire et éthique
- ☑ Utiliser l'IA pour tout sujet de votre curiosité

3. L'IA est maintenant votre alliée

Vous n'avez plus besoin de ce livre pour avancer. Vous avez acquis l'autonomie. Un simple navigateur web suffit maintenant :

- **chatgpt.com** pour créer et explorer
- **claude.ai** pour analyser et réfléchir
- **gemini.google.com** pour le visuel et la voix
- **perplexity.ai** pour vérifier et rechercher

Chaque prompt bien posé vous donnera confiance et résultats.

4. Trois vérités à retenir

a. L'IA est un outil, pas un remplaçant

Elle aide votre réflexion, accélère vos tâches, simplifie votre quotidien. Mais elle ne remplace jamais votre médecin, votre comptable, votre jugement ou la chaleur d'une conversation avec un proche.

b. Votre sagesse reste irremplaçable

À 65, 70, 80 ans ou plus, vous possédez quelque chose que l'IA n'aura jamais : l'expérience de vie, le bon sens, la capacité de ressentir et de comprendre l'humain. L'IA calcule. Vous, vous vivez.

c. Il n'y a pas d'âge pour apprendre

Vous l'avez prouvé en terminant ce livre. Chaque exercice complété, chaque prompt rédigé, chaque outil testé est une victoire contre ceux qui disent « c'est trop compliqué pour vous ». Vous venez de leur donner tort.

5. Et maintenant ?

Pratiquez. Utilisez l'IA pour vos vrais besoins quotidiens. Plus vous pratiquez, plus ça devient naturel.

Partagez. Montrez à vos amis, voisins, proches ce que vous avez appris. Vous êtes maintenant un guide pour d'autres aînés.

Restez prudent. Respectez toujours les règles de sécurité du Chapitre 6. Protégez vos informations, vérifiez les réponses importantes, gardez les humains au centre.

Allez plus loin (optionnel). Si vous vous sentez confiant et que vous voulez explorer davantage, le **Chapitre 7 — Projets Avancés** vous attend. Vous y découvrirez des exercices plus complexes pour utiliser l'IA dans des situations réelles : planifier un voyage, préparer un testament éthique, créer un plan d'exercice personnalisé. Ces projets ne sont pas obligatoires, mais ils vous montreront toute la puissance de ce que vous avez appris. Prenez votre temps. Ils seront là quand vous serez prêt.

6. Un dernier mot

Quand j'ai commencé à écrire ce livre, je me suis rappelé toutes les fois où on m'a dit « tu es trop jeune ». Aujourd'hui, on vous dit peut-être « tu es trop vieux ». Ces mots n'ont qu'un seul but : vous garder immobile.

Mais vous avez choisi de bouger. D'apprendre. De maîtriser.

L'intelligence artificielle n'appartient pas qu'aux jeunes générations. Elle vous appartient aussi. Vous méritez de comprendre ces outils qui transforment notre monde. Et maintenant, vous les comprenez.

Vous faites partie des milliers de Québécois qui utilisent l'IA sereinement, en toute sécurité, pour enrichir leur quotidien.

Votre parcours des chapitres essentiels est accompli. L'intelligence artificielle est maintenant votre assistante fidèle, respectueuse de votre expérience et de votre rythme.

Bravo. Vous êtes prêt pour demain.

CHAPITRE 7
Exercices avancés (optionnel)

1. Section Bonus – Allez plus loin avec l'IA

Vous avez maintenant maîtrisé les bases des quatre outils IA. Vous savez écrire des courriels, poser des questions, créer des images et vérifier des rumeurs. **Bravo ! Vous êtes prêt pour la prochaine étape.**

Ce chapitre : Exercices Avancés est destinée à ceux qui veulent exploiter l'IA au-delà du quotidien simple.

Pas pour les experts techniques : pour les aînés curieux qui comprennent maintenant que l'IA peut vraiment transformer leur vie dans des domaines importants.

2. Pourquoi ces exercices sont « avancés »

Contrairement aux exercices précédents qui adressaient la manière (**comment**) d'utiliser l'IA, les exercices ci-bas vous montreront le **pourquoi** et **quand** choisir chacun des outils :

- **Technique :** Introduction de nouvelles fonctionnalités (mode mains libres, conversation vocale)
- **Santé :** Organiser votre profil médical complet
- **Finances :** Comparer les assurances voyage et économiser
- **Famille :** Préparer votre testament avant de voir le notaire
- **Bien-être :** Avoir un entraîneur personnel qui vous suit chaque jour

3. Trois principes clés pour ces exercices

Principe 1 : L'IA n'est pas un expert, c'est un assistant
Ces exercices créent des brouillons et des premières versions que vous finalisez avec un professionnel (notaire, médecin, assureur). L'IA accélère votre travail préparatoire.

Principe 2 : Vos informations personnelles restent sûres
Vous contrôlez ce que vous partagez. Pour les informations sensibles (numéros de compte, adresses exactes), vous adaptez avant d'imprimer ou de partager.

Principe 3 : Le temps que vous économisez vaut de l'or.
Chacun de ces exercices vous gagne 30 minutes à 2 heures de travail manuel. C'est du temps retrouvé pour votre famille, vos loisirs, votre repos.

4. Combien d'exercices allez-vous faire ?

Ces 5 exercices bonus ne sont pas obligatoires. Vous pouvez :

- **Faire tous les 5** si vous avez le temps et l'intérêt
- **En choisir 1-2** qui vous parlent vraiment
- **Les faire à votre rythme** ; une par semaine, ou tous en une séance

Il n'y a **aucune pression**. L'important est que vous découvrez que l'IA peut vous aider dans **VOS vrais défis**, pas juste pour les tâches triviales.

5. Exercices bonus

Exercice bonus 1

Discuter avec ChatGPT en mode mains libres

Outil IA à utiliser : ChatGPT via application mobile sur téléphone intelligent.

Ce qui le rend unique

ChatGPT comprend votre voix, transforme vos paroles en réponses intelligentes, et vous répond à voix haute comme une vraie personne. Pas besoin de taper ; parlez simplement, naturellement, comme avec un ami.

Ce dont vous avez besoin

Pour cet exercice, nous travaillerons sur téléphone intelligent ou tablette. Il s'agit d'un exercice optionnel qui nécessite l'installation de l'application mobile de ChatGPT. Si vous l'avez déjà installée, ou si vous êtes à l'aise pour le faire, vous pouvez poursuivre. Dans le cas contraire, passez directement à l'exercice Bonus 2.

Installation de l'application ChatGPT

Étape 1 : Ouvrez le répertoire d'applications de votre téléphone intelligent :

- Vous avez un **iPhone ou un iPad** ? Ouvrez l'**App Store.**
- Vous avez un téléphone **Android** ? Ouvrez **Google Play.**

Dans la barre de recherche, tapez **ChatGPT** et appuyez sur **Télécharger** ou **Installer.**

Dans le doute, balayez simplement le code QR ci-dessous selon votre type de téléphone intelligent :

Téléchargement pour iOS

Téléchargement pour Android

Étape 2 : Une fois l'installation terminée, appuyez sur l'icône ChatGPT pour ouvrir l'application.

Étape 2 : Ouvrez l'application ChatGPT.

Étape 3 : Connectez-vous à votre compte

Appuyez sur le bouton **« Se connecter »**. Utilisez le même compte que celui créé au Chapitre 3 : Apple, Google ou courriel. C'est exactement le même que sur l'ordinateur !

ChatGPT vous demandera quelques autorisations. Appuyez sur **« Accepter »** ou **« Continuer »** à chacune des demandes pour accéder à l'application.

> 💡 **Bon à savoir :** Tous les outils présentés dans ce livre disposent du mode mains libres dans leur version mobile (téléphone intelligent et tablette). De plus, au moment de la rédaction de cet ouvrage, certains outils IA proposent également ce mode sur ordinateur, mais avec des limitations notables, notamment sur le plan de la langue. Il est raisonnable d'anticiper que ces restrictions seront progressivement levées dans les semaines et les mois suivant la publication de ce guide. (janvier 2026)

Tableau résumant la disponibilité du Mode mains libres pour chacun des outils IA de ce livre.

	DISPONIBILITÉ DU MODE MAINS LIBRES		
OUTILS IA	**ORDINATEUR**	**NAVIGATEUR SUR TÉLÉPHONE INTELLIGENCE**	**APPLICATION SUR TÉLÉPHONE INTELLIGENCE**
ChatGPT	OUI*	NON	OUI
Claude	OUI*	OUI*	OUI
Gemini	NON	NON	OUI
Perplexity	OUI*	NON	OUI
*** Comprennent le français, mais ne répondent qu'en anglais.**			

But de l'exercice

Apprendre à utiliser le **mode vocal avancé** de ChatGPT pour avoir des conversations fluides sans clavier. Idéal pour les moments où vous ne pouvez pas taper (en marchant, en cuisinant, ou si vous avez des difficultés à écrire).

Situation

Vous êtes en train de préparer le souper et vous avez besoin d'aide pour adapter une recette. Vous ne voulez pas salir votre tablette ou téléphone avec vos mains pleines de farine.

Étapes détaillées

ÉTAPE 1 : Ouvrez ChatGPT sur votre téléphone intelligent ou tablette

ÉTAPE 2 : Repérez l'icône mode mains libres en bas à droite de l'écran. *Il est possible que votre appareil vous demande une autorisation pour utiliser le micro. Dans un tel cas, acceptez pour pouvoir continuer dans cet exercice.*

ÉTAPE 3 : Touchez cette icône. ChatGPT commence à vous écouter.

ÉTAPE 4 : Parlez naturellement : « Bonjour ChatGPT. J'ai besoin d'aide pour faire une soupe aux légumes. »

ÉTAPE 5 : ChatGPT vous répond à voix haute. Continuez la conversation comme si vous parliez à quelqu'un.

Résultat attendu

Vous aurez une conversation fluide avec ChatGPT sans toucher l'écran. L'IA vous répond à voix haute, pose des questions de clarification et vous guide étape par étape.

Compétences acquises

Après cet exercice, vous savez :

✅ Activer le mode vocal avancé de ChatGPT

✅ Avoir une conversation naturelle sans taper

✅ Utiliser l'IA mains libres pour cuisiner, marcher ou vous détendre

✅ Interrompre ou corriger ChatGPT en parlant

✅ Profiter de l'IA même si vous avez des difficultés à écrire.

Exercice bonus 2

Personnaliser votre profil de santé

Ce qui le rend unique à Claude

Claude crée un document médical personnel organisé qui synthétise TOUS vos problèmes de santé, médicaments et allergies en un seul endroit que vous pouvez montrer à n'importe quel médecin ou spécialiste.

But de l'exercice

Créer un profil médical d'urgence complet et imprimable que vous portez toujours avec vous. Ce document vous fait gagner du temps en rendez-vous et prévient les erreurs médicales.

Situation

Vous avez vu plusieurs médecins au fil des années et aucun n'a votre tableau complet. Vous avez du diabète, une tension élevée, une allergie à la pénicilline, et vous prenez 4-5 médicaments. Vous voulez UN document que vous montrez à chaque médecin pour gagner du temps et éviter les erreurs.

Phrase à copier dans Claude

« Je suis un aîné de 74 ans. Crée-moi un profil médical personnel complet et organisé que je peux imprimer et montrer à mes médecins. Voici mes infos : diabète de type 2 depuis 2015, tension artérielle élevée, allergie pénicilline, cataracte œil droit 2022, médicaments : metformine 500 mg matin-soir, lisinopril 10 mg matin, atorvastatine 20 mg soir. J'ai aussi des douleurs au genou. Format clair, facile à lire, une page maximum. »

Étapes détaillées

ÉTAPE 1 : Ouvrez Claude sur claude.ai

ÉTAPE 2 : Cliquez dans la zone de saisie

ÉTAPE 3 : Tapez la phrase complète ci-dessus en changeant pour VOS informations

ÉTAPE 4 : Appuyez sur Entrée

ÉTAPE 5 : Claude crée votre profil médical complet

ÉTAPE 6 : Imprimez-le en couleur ou noir et blanc

ÉTAPE 7 : Plastifiez-le (optionnel) pour le protéger

ÉTAPE 8 : Portez-le toujours dans votre portefeuille ou sac

Résultat attendu

Claude crée un document d'une page montrant :

Section	Contenu
Identité	Nom, date de naissance, groupe sanguin
Conditions médicales	Diabète, tension, allergies listées clairement
Médicaments actuels	Nom, dose, heure de prise
Antécédents	Opérations, interventions, dates
Contact d'urgence	Personne à prévenir si problème

Compétences acquises

Après cet exercice, vous savez :

☑ Compiler votre historique médical complet en document clair

☑ Organiser par thèmes (cœur, diabète, allergies, médicaments)

☑ Créer une version imprimable que vous portez avec vous

☑ Mettre à jour facilement quand quelque chose change

☑ Prévenir les erreurs médicales et gagner du temps en rendez-vous

Exercice bonus 3

Comparer des produits d'assurance

Outil IA à utiliser : Perplexity

Ce qui le rend unique à Perplexity

Perplexity cherche les VRAIES offres en ligne en temps réel et compare les prix, conditions et franchises de plusieurs compagnies d'assurance pour vous.

But de l'exercice

Économiser du temps et de l'argent en comparant rapidement plusieurs offres d'assurance voyage ou habitation sans avoir à appeler 10 compagnies différentes.

Situation

Vous planifiez un voyage d'un mois en Floride. Vous avez besoin d'une assurance voyage pour aînés, mais vous ne savez pas quelle compagnie offre le meilleur rapport qualité-prix.

Phrase à copier dans Perplexity

« Je suis un aîné de 76 ans du Québec. Je voyage 1 mois en Floride. Cherche-moi 4 offres d'assurance voyage réelles et actuelles pour aînés. Compare les prix, franchises, couverture médicale. Donne-moi les sites et les prix exacts. Laquelle offre le meilleur rapport qualité-prix ? »

Étapes détaillées :

ÉTAPE 1 : Ouvrez Perplexity sur perplexity.ai

ÉTAPE 2 : Cliquez dans la barre de recherche

ÉTAPE 3 : Tapez la phrase complète ci-dessus

ÉTAPE 4 : Appuyez sur Entrée

ÉTAPE 5 : Perplexity cherche les offres actuelles

ÉTAPE 6 : Lisez le tableau comparatif avec les prix réels

ÉTAPE 7 : Cliquez sur les liens pour voir les offres directement

Résultat attendu

Perplexity affichera :

Assureur	Prix/mois	Franchise	Couverture médicale	Lien
Desjardins	12-15 $	100 $	Jusqu'à 500 k	[lien]
Intact	14-18 $	150 $	Jusqu'à 1M	[lien]
Travel Guard	11–13 $	50 $	Jusqu'à 750 k	[lien]
Assure Voyage	13-17 $	200 $	Jusqu'à 250 k	[lien]

Compétences acquises

Après cet exercice, vous savez :

- ✅ Trouver les offres d'assurance réelles en ligne (Canada)
- ✅ Comparer les prix entre 3-4 compagnies rapidement
- ✅ Comprendre les différences claires (franchise, couverture)
- ✅ Savoir où cliquer pour plus d'informations
- ✅ Économiser potentiellement des dizaines de dollars par mois

Exercice bonus 4

Organiser vos pensées pour un testament

Outil IA à utiliser : Claude

Ce qui le rend unique à Claude

Claude vous aide à organiser vos idées testamentaires de façon structurée et claire avant de rencontrer votre notaire, vous faisant économiser temps et argent en consultation.

But de l'exercice

Préparer un brouillon de testament organisé avec vos volontés principales (biens, héritiers, funérailles) que vous apportez chez le notaire pour finalisation légale.

Situation

Vous voulez préparer votre testament, mais vous ne savez pas par où commencer. Vous avez des biens (maison, économies, objets de famille) et vous voulez que tout soit clair pour vos enfants.

Phrase à copier dans Claude

« Je suis un aîné de 72 ans du Québec. Aide-moi à organiser mes idées pour préparer mon testament. J'ai une maison évaluée à 350 000 $, 75 000 $ d'épargne, une auto et des meubles de famille. J'ai 2 enfants adultes et 3 petits-enfants. Je veux léguer la maison à parts égales à mes enfants, créer un fonds d'éducation de 15 000 $ pour chaque petit-enfant, et que mes funérailles soient simples sans cérémonie religieuse. Crée-moi un brouillon de testament organisé en sections claires que je pourrai montrer à mon notaire. »

Étapes détaillées :

ÉTAPE 1 : Ouvrez Claude sur claude.ai

ÉTAPE 2 : Cliquez dans la barre de saisie

ÉTAPE 3 : Tapez la phrase complète en adaptant à VOTRE situation

ÉTAPE 4 : Appuyez sur Entrée

ÉTAPE 5 : Claude crée un brouillon structuré

ÉTAPE 6 : Lisez attentivement chaque section

ÉTAPE 7 : Modifiez ou ajoutez des éléments si nécessaire

ÉTAPE 8 : Imprimez le document et prenez rendez-vous avec un notaire

Résultat attendu

Claude créera un document organisé avec :

1. **Identification** (nom, date de naissance, adresse)
2. **Révocation** des testaments antérieurs
3. **Legs principaux** (maison, argent, biens)
4. **Bénéficiaires** (noms et parts)
5. **Fonds d'éducation** pour petits-enfants
6. **Volontés funéraires** (type de cérémonie, lieu)
7. **Exécuteur testamentaire** (qui s'occupe de tout)

⚠ **IMPORTANT :** Ce document est un BROUILLON. Seul un notaire peut rendre votre testament légalement valide au Québec.

⚠ Protection de vos informations sensibles

Lors de la préparation de votre brouillon de testament, **ne partagez JAMAIS** vos numéros de compte bancaire, numéros d'assurance sociale (NAS), adresses civiques complètes ou mots de passe avec Claude. Restez dans les généralités : au lieu d'écrire « Mon compte BMO numéro 12345-67890 contient 75 000 $ », dites simplement « J'ai environ 75 000 $ d'épargne ». Au lieu de donner l'adresse exacte de votre maison, mentionnez « Ma propriété résidentielle évaluée à 350 000 $ ». Claude n'a pas besoin de détails précis pour vous aider à structurer vos volontés. Gardez les informations spécifiques (numéros de comptes, adresses exactes, copies de documents officiels) pour votre rendez-vous avec le notaire. Ce brouillon sert uniquement à organiser vos idées, pas à créer un testament légal final.

Compétences acquises

Après cet exercice, vous savez :

- ✅ Organiser vos volontés testamentaires clairement
- ✅ Identifier tous vos biens et héritiers
- ✅ Structurer vos legs de façon équitable
- ✅ Préparer un document professionnel pour le notaire
- ✅ Économiser 30-60 minutes de consultation (et donc d'argent)

Exercice bonus 5

Traduire une Facture Bancaire Complexe (photo)

Outil IA à utiliser : Gemini

Ce qui le rend unique à Gemini

Gemini voit vos documents photographiés (factures, lettres officielles, relevés bancaires) et vous explique chaque ligne en français simple, avec conseils personnalisés.

But de l'exercice

Comprendre rapidement une facture bancaire ou un relevé complexe en photographiant le document et en demandant à Gemini de traduire le jargon bancaire en mots clairs.

Situation

Vous avez reçu votre relevé bancaire mensuel et il y a des frais que vous ne reconnaissez pas : « Frais service mensuel », « Frais de transactions à découverts », « Frais de transactions internationales ». Vous voulez comprendre ce que vous payez exactement.

Phrase à dire à Gemini (après avoir téléchargé la photo)

« Analyse cette facture bancaire et explique-moi, en français simple, chaque frais inscrits. Indique-moi si certains frais sont anormaux ou évitables. Donne-moi des conseils pour réduire mes frais bancaires. »

⚠ **Masquez vos données personnelles avant de photographier**

Avant de photographier votre facture bancaire ou tout document financier, **cachez systématiquement vos informations personnelles identifiables.** Utilisez un papier ou un post-it pour couvrir : votre numéro de compte complet, votre numéro de carte de débit/crédit, votre adresse civique complète, votre numéro d'assurance sociale (NAS) et votre date de naissance complète. Gemini a seulement besoin de voir les lignes de frais et les montants pour vous expliquer ce que vous payez.

Par exemple, gardez visible « Frais service mensuel : 12 $ », mais cachez le numéro de compte en haut du document. Si vous oubliez de masquer des informations sensibles, supprimez immédiatement la conversation dans Gemini (cliquez sur les trois points > Supprimer la conversation) et recommencez avec une photo correctement censurée. Votre sécurité passe avant tout.

Étapes détaillées :

ÉTAPE 1 : Ouvrez Gemini sur gemini.google.com (version mobile si possible)

ÉTAPE 2 : Repérez l'icône trombone (télécharger fichier/photo)

ÉTAPE 3 : Cliquez sur « Prendre une photo » ou « Sélectionner une image »

ÉTAPE 4 : Prenez une photo claire de votre facture bancaire (voir les deux pages si nécessaire)

ÉTAPE 5 : Tapez la phrase complète ci-dessus dans la barre de saisie

ÉTAPE 6 : Appuyez sur Entrée

ÉTAPE 7 : Gemini lit votre facture et explique chaque frais

ÉTAPE 8 : Notez les réponses — vous pourrez les montrer à la banque

Résultat attendu

Gemini vous expliquera :

- **Frais service mensuel (12 $)** : Frais fixes pour maintenir votre compte actif
- **Frais découvert (25 $)** : Vous avez dépensé plus que votre solde le 15 janvier
- **Frais transaction internationale (3,50 $)** : Achat en ligne sur un site américain

Compétences acquises

Après cet exercice, vous savez :

✅ Lire et traduire vos documents importants

✅ Expliquer les frais que vous ne comprenez pas

✅ Mettre en évidence les changements suspects

✅ Vous protéger contre les frais inutiles

✅ Préparer des questions précises pour votre banque.

6. Conclusion des exercices bonus

Vous venez de découvrir comment l'IA peut vous aider dans des situations plus complexes de votre vie quotidienne. Ces exercices avancés ne sont qu'un avant-goût de ce que vous pouvez accomplir maintenant que vous maîtrisez les bases.

Rappelez-vous toujours :

- L'IA est un assistant, pas un expert
- Vos informations restent sous votre contrôle
- Le temps économisé est du temps gagné pour ce qui compte vraiment
- Vérifiez toujours les informations importantes avec des professionnels

Continuez à explorer, à expérimenter et à vous approprier ces outils. Ils sont là pour vous servir.

GUIDE IA POUR AINÉS

Balayez-MOI!

Balayez ce code QR dès maintenant pour télécharger **GRATUITEMENT** les ressources essentielles de ce livre : des fiches récapitulatives pratiques, votre fiche de progression personnelle, des conseils puissants pour la création de vos adresses courriels et mots de passe, et la récapitulation complète des **5 règles d'or pour la création de prompts (requêtes) magiques** qui assureront votre maîtrise de l'intelligence artificielle.

Obtenez également un chapitre électronique GRATUIT qui va révolutionner votre quotidien d'aîné québécois ! Votre avenir numérique commence **MAINTENANT,**
saisissez cette opportunité unique !

https://guideiaofficiel.ca/ressources-guide-aines-qc

À mon père

Tu as été bien plus qu'un simple conseiller pour cet ouvrage : tu en as été le premier lecteur, le premier apprenant, celui qui m'a insufflé le courage d'y croire.

Ton sourire, ce jour où je t'ai parlé de mon projet, demeure gravé en moi comme l'instant précis où tout est devenu possible. Et quand je t'ai vu ensuite tester chaque procédure, gagner en assurance jour après jour, j'ai su que ce livre avait sa véritable raison d'être.

Merci pour ta confiance inébranlable, pour ta patience, et pour m'avoir prouvé que l'apprentissage n'a pas d'âge.

Je t'aime.

Sim

À mon père

ANNEXE A
CRÉATION D'UNE ADRESSE COURRIEL

Objectif : Créer une adresse courriel sécuritaire et facile à retenir

Services recommandés : Gmail (Google), Outlook (Microsoft), Yahoo

Pourquoi est-ce important ?

Votre adresse courriel est votre passeport numérique. Elle est nécessaire pour utiliser la plupart des services en ligne, y compris l'intelligence artificielle.

COMPARATIF DES SERVICES

Critère	GMAIL (Google)	OUTLOOK (Microsoft)	YAHOO
Espace gratuit	15 Go	15 Go	1 To
Facilité	★★★★★	★★★★☆	★★★★☆
Popularité	#1 Mondial	#2 Mondial	#3 Mondial
Sécurité	Excellente	Excellente	Très bonne

★ NOTRE RECOMMANDATION : GMAIL

C'est le service le plus universel et le plus facile à utiliser pour les débutants.

COMMENT CHOISIR SON ADRESSE

- **Prénom + Nom + Chiffre**

  jean.tremblay65@gmail.com
- **Prénom + Année**

  marie1959@gmail.com
- **Prénom + Ville**

  pierre.montreal@gmail.com

✗ À Éviter

- **Caractères compliqués**

  jean%tremblay@gmail.com
- **Trop de chiffres**

  jean123456789@gmail.com
- **Difficile à prononcer**

  jntrmbl1955xyz@gmail.com

Conseil

Choisissez quelque chose de simple que vous pourrez dire au téléphone facilement sans devoir épeler chaque lettre !

MOT DE PASSE SÉCURITAIRE

Règles d'Or

- De 8 à 12 caractères
- Une majuscule (A, B...)
- Une minuscule (a, b...)
- Un chiffre (1, 2, 3...)

Un symbole (!, @, #...)

Exemples Forts

- Montréal, 2026 !
- Jardin $ Ete24
- Cafe@Matin55
- Québec #Hiver

✗ Évitez : 123 456, motdepasse

5 ÉTAPES POUR CRÉER (GMAIL)

ÉTAPE 1

Allez sur gmail.com

Ouvrez votre navigateur et tapez gmail.com

ÉTAPE 2

Cliquez sur « Créer un compte »

Cherchez le bouton bleu (souvent en haut ou au milieu)

ÉTAPE 3

Remplissez le formulaire

Entrez Prénom, Nom, Nom d'utilisateur choisi et Mot de passe

ÉTAPE 4

Vérifiez votre téléphone

Entrez votre numéro et tapez le code reçu par SMS

ÉTAPE 5

Acceptez et c'est terminé !

Votre adresse courriel est maintenant active

⚠️ **N'oubliez pas !**

Écrivez votre mot de passe sur un papier et gardez-le dans un endroit sûr (pas collé sur votre ordinateur !)

ANNEXE B
LES 5 RÈGLES POUR PARLER À L'IA

Pour : Aînés débutants en intelligence artificielle

Outils compatibles : ChatGPT, Claude, Gemini, Perplexity

Qu'est-ce que c'est ?

Une méthode simple en 5 règles pour obtenir exactement ce que vous voulez de l'intelligence artificielle. Vous n'avez pas besoin d'être expert en informatique !

LES 5 RÈGLES

Règle 1 - Définir le Rôle

[Qui vous êtes OU rôle de l'IA]

- Présentez-vous à l'IA
- Donnez un rôle à l'IA

Exemples :

- « Je suis né en 1942 à St-Leon »
- « Tu es un expert en nutrition »

Règle 2 - Indiquer la Tâche

[Ce que vous voulez]

- Consigne claire et courte
- Verbe d'action précis

Exemples :

- « Résume ce texte en 3 phrases »
- « Explique-moi comment... »

Règle 3 - Indiquer le Format

[Structure de la réponse]

- Liste à puces
- Étapes numérotées
- Tableau, courriel, etc.

Exemples :

- « Réponds en 3 points »
- « Sous forme de liste »
- « Génère un tableau »

Règle 4 - Choisir le Ton

[Style de réponse]

- Adaptez le langage
- Précisez l'attitude

Exemples :

- « Parle comme un oncle québécois de 75 ans »
- « Explique à un enfant de 8 ans »
- « Sois rassurant et bienveillant »

Règle 5 – Améliorer

[Questions de suivi]

- Demandez des clarifications
- Approfondissez un point
- Corrigez si besoin

Exemples :

- « Clarifie le point 2 »
- « Donne plus d'info sur… »
- « Refais en plus simple »

À savoir

- Pas besoin d'utiliser les 5 règles chaque fois
- Règles 1 et 2 suffisent souvent
- L'IA peut se tromper - vérifiez
- Ne partagez pas d'infos personnelles sensibles

En résumé

Ces 5 règles simples vous permettent de parler à l'IA comme à une personne. Plus vous êtes précis, meilleure sera la réponse.

[Rôle] +	[Tâche] +	[Format]+	[Ton adapté] +	[suivi]
Règle 1	Règle 2	Règle 3	Règle 4	Règle 5

Exemple complet

1 - Rôle : « Je suis une personne de 78 ans qui prend 5 médicaments par jour. Tu es un expert en soins gériatriques au Québec. »

2 - Tâche : « Explique-moi comment organiser ma prise de médicaments sans oubli. »

3 - Format : « Réponds en 5 étapes simples. »

4 - Ton : « Sois rassurant et bienveillant, comme si tu parlais à ton grand-père. »

5 - Suivi : « Peux-tu me suggérer des piluliers disponibles au Québec ? »

15 EXEMPLES POUR VOTRE INSPIRATION

Rôle (Règle 1)	Tâche (Règle 2)	Format (Règle 3)	Ton (Règle 4)
Expert en soins gériatriques, Québec	explique-moi simplement...	5 phrases courtes	Simple, rassurant
Spécialiste médicaments aînés	Fais liste de...	5 points maximum	Clair, calme
Conseiller santé familiale	Donne un exemple de...	Exemple concret	Doux, proche

Rôle (Règle 1)	Tâche (Règle 2)	Format (Règle 3)	Ton (Règle 4)
Accompagnateur social CLSC	Explique les options...	Étapes 1, 2, 3	Empathique
Guide financier pour retraités	Fais liste de...	Tableau 2 colonnes	Pédagogique
Conseiller RAMQ	Explique comment...	Mode d'emploi	Patient, poli
Organisateur activités seniors	Donne un exemple...	3 idées simples	Joyeux, motivant
Coach exercice adapté	Fais liste de...	3 exercices + durée	Encourageant
Conseiller bien-être émotionnel	Explique gérer...	4-5 conseils	Doux, sans juge
Compagnon bénévole	Donne un exemple de conversation...	Dialogue 6-8 lignes	Chaleureux

Rôle (Règle 1)	Tâche (Règle 2)	Format (Règle 3)	Ton (Règle 4)
Expert prévention fraudes	Explique reconnaître...	Liste signes alerte	Sérieux, rassurant
Spécialiste adaptation domicile	Fais liste de...	5 adaptations	Pratique, concret
Animateur loisirs résidence	Donne un exemple de journée...	Horaire AM/PM/soir	Enjoué, motivant
Guide administratif	Explique préparer...	Liste documents	Clair, sans jargon
Assistant virtuel aidant	Fais une liste...	5 phrases prêtes	Chaleureux

Gardez cette fiche près de votre ordinateur ou tablette

Besoin d'inspiration pour vos prompts ? Choisissez un élément dans chacune des colonnes qui ressemble à votre besoin et laissez l'IA faire le reste.

GLOSSAIRE

A

AGI (Intelligence artificielle générale) : Une IA capable de faire à peu près tout ce qu'un humain peut faire intellectuellement. C'est encore une idée de l'avenir, pas quelque chose que vous utilisez aujourd'hui.

Algorithme : Une série d'étapes précises, comme une recette, pour résoudre un problème ou prendre une décision.

Apprentissage automatique (Machine Learning) : Une IA qui apprend d'elle-même en regardant beaucoup d'exemples, sans qu'on ait à tout lui programmer pas à pas.

Apprentissage profond (Deep Learning) : C'est le « moteur » technologique qui fait fonctionner l'IA moderne. C'est une méthode d'apprentissage inspirée du fonctionnement du cerveau humain qui permet à la machine d'apprendre par elle-même en observant des quantités massives d'exemples, plutôt que de suivre des règles programmées à l'avance.

B

Barre de saisie : Le rectangle blanc au bas ou au centre de l'écran de l'outil IA où vous tapez votre question ou votre message.

Big Data: Un très, très grand nombre de textes, images et vidéos utilisés pour « entraîner » l'IA.

C

Chatbot: Un programme qui converse avec vous comme un interlocuteur, mais c'est un robot. ChatGPT, Claude, Gemini et Perplexity sont des Chatbots très avancés.

ChatGPT : Un assistant d'OpenAI qui peut vous aider à rédiger des textes, répondre à des questions, résumer ou expliquer des sujets.

Claude : Un assistant d'Anthropic, très utile pour travailler avec de longs documents ou pour des réponses très structurées.

Cloud (nuage): Des ordinateurs situés dans de grands centres de données (serveurs) qui stockent les logiciels d'IA, vos conversations et vos documents. Vous y accédez depuis votre appareil grâce à une connexion Internet, un peu comme si vous utilisiez un « disque dur » qui se trouve ailleurs dans le monde.

D

Deep Blue: Un programme d'IBM qui a battu le champion du monde d'échecs en 1997. C'était une première grande victoire d'une IA contre un humain.

Données d'entraînement : Les textes, images et sons que l'IA a « lus » ou « vus » pour apprendre à comprendre et répondre.

Double vérification (2 FA) : Méthode de sécurité simple qui protège vos comptes en demandant deux preuves de votre identité, comme votre mot de passe ET un code envoyé sur votre téléphone, pour éviter les pirates même s'ils connaissent votre mot de passe.

G

Gemini : Une IA de Google très forte pour générer des images claires et des textes bien rédigés.

GPT (Generative Pre-trained Transformer) : Le type de « moteur » utilisé pour comprendre et générer du langage, comme dans ChatGPT.

H

Hallucination : Terme imagé utilisé pour décrire une erreur commise par une IA générative. Cela arrive lorsque l'IA invente des faits, des dates ou des événements qui n'existent pas, tout en les présentant avec une grande assurance. C'est pourquoi la vérification humaine reste indispensable.

I

Icône : Un petit dessin qui sert de bouton (par exemple 📷 pour une photo, 🎤 pour parler, ⬇️ pour télécharger).

Intelligence artificielle (IA) : Ensemble de programmes et de techniques informatiques permettant à des machines d'imiter certaines capacités de l'intelligence humaine, comme apprendre, comprendre le langage, reconnaître des images ou résoudre des problèmes, afin d'assister les humains dans leurs tâches.

Intelligence artificielle étroite (IA étroite ou IA Faible) : Type d'intelligence artificielle spécialisée dans une seule tâche précise. Elle est très performante dans son domaine (comme un logiciel d'échecs ou un GPS), mais incapable de faire autre chose. C'est la forme d'IA la plus répandue aujourd'hui.

Intelligence artificielle Générale (IA générale) : Concept théorique d'une machine qui posséderait une intelligence flexible, capable d'apprendre n'importe quelle tâche intellectuelle et d'avoir une conscience, au même titre qu'un être humain. Cette technologie n'existe pas à ce jour.

Intelligence artificielle générative (IA Générative) : Catégorie d'intelligence artificielle capable de créer du contenu nouveau (texte, image, son, code) en réponse à une demande de l'utilisateur. Contrairement à une IA classique qui analyse des données, l'IA générative produit quelque chose d'inédit. (Exemples : ChatGPT, Claude, Gemini)

Interface IA : L'écran où vous voyez la conversation avec l'IA (par exemple le site chatgpt.com ou claude.ai).

M

Mila : Un important institut québécois spécialisé dans l'intelligence artificielle, situé à Montréal.

Modèle IA : Le « cerveau » mathématique de l'IA (par exemple GPT-4o, Claude 3,5 Sonnet, Gemini 2.0).

N

Navigateur : Le logiciel que vous utilisez pour aller sur Internet (par exemple **Chrome, Firefox, Safari ou Edge**). C'est par lui que vous ouvrez les sites de ChatGPT, Claude, Gemini ou Perplexity.

Neurone artificiel/Réseau neuronal : Des éléments mathématiques qui imitent le fonctionnement du cerveau humain et permettent à l'IA d'apprendre.

O

OpenAI : La société à l'origine de ChatGPT et des modèles GPT. C'est un des grands leaders dans le domaine de l'IA.

P

Perplexity: Une IA qui cherche des informations sur Internet et vous donne ses réponses en citant ses sources.

Prompt : La question ou l'instruction que vous donnez à l'IA. Plus elle est claire, plus la réponse sera bonne.

Prompt engineering : Le fait de bien formuler vos questions ou instructions pour obtenir une réponse précise et utile.

R

Régénérer : Le bouton qui permet d'obtenir une nouvelle réponse à la même question, si la première ne vous convient pas.

T

Transformer : Une architecture (technologie de base) qui permet aux IA de comprendre le texte phrase par phrase. C'est ce qui se cache derrière GPT, Claude et Gemini.

U

URL : L'adresse d'un site Internet, par exemple : chatgpt.com, claude.ai, gemini.google.com, perplexity.ai.

Z

Zone d'interaction : L'endroit à l'écran où vous tapez et voyez vos échanges avec l'IA.

Zone réglages : Le menu (souvent ⚙ ou ☰) où vous pouvez choisir la langue, le thème (clair/sombre) et régler la confidentialité.

Zone réponse : La partie au-dessus de la barre de saisie où l'IA affiche ses réponses.

BIBLIOGRAPHIE

Apprivoiser l'intelligence artificielle après 60 ans – Guide pour les aînés du Québec : Comprendre et utiliser l'IA simplement - Édition 2026

****

SOURCES PRIMAIRES

Documentation officielle des outils d'intelligence artificielle

ANTHROPIC PBC. (2026). *Claude 3,5 Sonnet : Guide technique et bonnes pratiques d'utilisation.* https://docs.anthropic.com/claude/docs

GOOGLE LLC. (2026). *Gemini 2.0 : Spécifications techniques et guide développeur.* https://deepmind.google/technologies/gemini/

LMSYS Org. (2026). *Arena.ai : Outils de comparaison IA.* www.arena.ai

NAPKIN AI. (2026). *Napkin AI: Générateur de visuels IA.* https://www.napkin.ai/

Office québécois de la langue française. Fiche « Intelligence artificielle ». https://vitrinelinguistique.oqlf.gouv.qc.ca

OPENAI. (2026). *GPT-4o : Documentation technique complète.* https://platform.openai.com/docs/models/gpt-4o

Perplexity AI, INC. (2026). *Perplexity Research: Méthodologie et sources.* https://www.perplexity.ai/help/methodology

SOURCES SECONDAIRES

Instituts de recherche canadiens

Gouvernement du Canada. (2025). *Les répercussions de la connectivité Internet et d'outils technologiques sur les aînés.*

https://www.canada.ca/fr/emploi-developpement-social/ministere/forum-federal-provincial-territorial-aines/repercussions-internet-rapport.htmlcanada

Institut de l'usage du numérique (IUD). (2024). *La relation entre l'utilisation des écrans et le sentiment de solitude.* https://iud.quebec/fr/actualite/la-relation-entre-lutilisation-des-ecrans-et-le-sentiment-de-solitudeiud

Marques, M. D., et al. (2021). *Television Viewing, Physical Activity, and Loneliness in Late Life.* PMC. https://pmc.ncbi.nlm.nih.gov/articles/PMC9372884/pmc.ncbi.nlm.nih

MILA—Montreal Institute for Learning Algorithms. (2025). *Rapport annuel de recherche 2025.* Montréal : Mila. https://mila.quebec/rapport-annuel-2025

OBVIA. (2025). *Le numérique au service du bien-être des personnes aînées.* https://www.obvia.ca/dans-loeil-de-lobvia/2025-06-numerique-personnes-aineesobvia

VECTOR INSTITUTE FOR ARTIFICIAL INTELLIGENCE. (2025). *Panorama de l'intelligence artificielle au Canada.* Toronto : Vector Institute. https://vectorinstitute.ai/annual-report-2025

Wang, Y., et al. (2025). *Digital Isolation and Depression Risk in Older Adults Using Technology.* PMC. https://pmc.ncbi.nlm.nih.gov/articles/PMC12700337/pmc.ncbi.nlm.nih

Œuvres de chercheurs pionniers

BENGIO, Yoshua. (2025). *L'intelligence artificielle au Québec : Défis éthiques et applications sociétales.* Conférence Mila, Montréal.

HINTON, Geoffrey. (2024). *Deep Learning: État de l'art et perspectives.* Université de Toronto. https://www.cs.toronto.edu/~hinton/pubs/

TEXTES LÉGAUX ET RÉGLEMENTAIRES

GOUVERNEMENT DU CANADA. (2025). *Loi C-27 : Loi concernant l'intelligence artificielle et la protection des données.* Statuts du Canada. https://laws-lois.justice.gc.ca/fra/lois/LoisAdoptées/2025_07.page

Loi sur la protection des renseignements personnels et les documents électroniques (PIPEDA). (2000, modifiée 2025). L.R.C. (2000), ch. 5. https://laws-lois.justice.gc.ca/fra/lois/P-8.6/

SOURCES HISTORIQUES

IBM RESEARCH. (1997). *Deep Blue: Rapport technique de la partie contre Garry Kasparov.* https://research.ibm.com/deepblue/

MCCARTHY, John ; MINSKY, Marvin L.; ROCHESTER, Nathaniel; SHANNON, Claude E. (1955). *A proposal for the Dartmouth Summer Research Project on Artificial Intelligence.* Archives de l'intelligence artificielle. http://www-formal.stanford.edu/jmc/history/dartmouth/dartmouth.html

CITATIONS ET ÉPIGRAPHES

KASPAROV, Garry. (2017). *Deep Thinking: Where Machine Intelligence Ends and Human Creativity Begins.* New York: Public Affairs.

Made in the USA
Monee, IL
12 November 2026

9845cb04-5aff-4894-b7ba-418b36a8a979R01